머리말

가난한 집에서 태어난 공자는 출신성분 역시 미천했다. 생활 형편은 어렵고 사회적 위치는 낮았지만 항상 성실하게 맡은 바 소임을 다했다.

공자는 젊었을 때에는 계씨(재벌가)의 집에서 창고지기로 일하면서 돈과 곡식을 거둬들이고, 내주는 것에 한치의 오차도 허용하지 않았다. 공자는 또 목장을 관리하는 관리직에 종사한 적이 있는데 그가 보살핀 가축들은 아무 탈 없이 잘 자랐다. 그리하여 결국에는 노나라의 건설을 책임지는 사공(司空)의 벼슬을 맡게 되었다.

공자의 일가에서 집사로 일하는 원헌이라는 사람이 있었다. 공자는 그에게 곡식 9백 말의 봉록을 주었다. 원헌이 너무 많다고 사양하자 공자는 이렇게 말했다.

"사양하지 말게, 그것이 많다고 생각한다면 남는것을 이웃의 가난한 사람들에게 나눠 주게."

공자는 그의 나이 56세 때 대사구에 올랐다. 이는 재상에 버금가는 자리였다.

권력을 장악한 공자는 가장 먼저 정치를 어지럽힌 죄를 물어 노나라의 대부인 소정묘를 사형에 처했다. 효과는 바로 나타났다.

　공자가 국정을 이끈지 석달 만에 양이나 돼지를 파는 상인들이 감히 물가를 높이지 못하게 되었다. 길에 떨어진 물건이 있어도 누구하나 주워가는 사람이 없었다. 노나라 도성에 도착한 사방의 사람들은 관리에게 뇌물을 주지 않고도 필요한 물건을 구매해서 돌아갈수 있었다.

　공자는 세상에 빈부의 격차가 존재하고 불공평한 세상에서 모두가 부유하고 대동단결할 수 있는 이상국을 구축하고자 노력했다.

············· 차례

제2편 경쟁시대 천한들

제3편 해외나라 천한들

천한 신분으로 왕이 되다

제1편
난세에 천한 들

++++

어느날, 제자 자로가 공자에게 이렇게 물었다.

"스승님, 스승님께서 이상적인 삶은 어떤 것입니까?"

그러자 공자는 이렇게 대답했다.

"나이 많은 사람에게는 '저 분이라면 안심할 수 있다'는 말을 듣고,

친구에게는 '저 분이면 믿을 수 있다.'는 말을 듣고,

나이 어린 사람에게는 '저 분이면 믿고 따를 수 있다.'는 말을 들을 수 있는

사람의 삶이라면 가장 바람직하다고 생각하네."

굶주린 탁발의 재기

주원장 (朱元璋1328-1398년) 강소성 패현의 가난한 농부의 아들로 태여나 다. 집안이 가난하여 배우지도 못하고 17세 때 괴질과 기근으로 부모형제를 잃어 거지가 되어 구걸을 하였고, 날이 점점 추워지자 황각사에 들어가 중이 되었으나 황각사에서도 오랜 흉년으로 먹고 살 수가 없어 탁발에 나섰다. 그런 그가 몇 년 후에는 어떻게 하여 명나라 황제까지 되었는가?

주원장은 출신이 비천했기 때문에 이리저리 떠돌아 다니면서 비참한 생활을 하였으나 17세 때 괴질과 기근으로 부모형제를 잃고 거지가 되었다.

주원장은 날이 점점 추워지자 구걸하는 것도 쉽지 않아 마지못해 황각사라는 절에 들어가 중이 되었다. 그러나 황각사에서도 오랜 흉년으로 먹고 살 수가 없었다. 그리하여 주원장은 굶주림을 해결하기 위해 탁발에 나섰다. 그러나 그때부터 주원장은 언제나 병서를 손에서 놓지 않았으며 각지를 떠도는 동안 지방의 지리와 풍습을 알게 되었고 또 백성들의 고통을 직접 체험하게 되었다. 당시 중국의 중부와 북부지방에서는 기근과 가뭄으로 700만명 이상이 굶어 죽었다. 이로인해 농민들의 반란과 도적들의 횡행으로 천하는 크게 어지러워 졌다.

'천하는 난세다. 나혼자 득도하기 위해 절에서 수도를 하고 있다는 것은 옳지 않다. 나는 농민들과 함께 오랑캐와 싸워야 한다.'

황각사에서 승려의 길을 가고 있던 주원장도 농민반란군에 참여하지 않을 수 없었다. 이 무렵 도적들이 황각사에 침입하여 재물을 약탈하고 불을 질렀다. 25세의 주원장은 황각사가 폐허로 되자 스스로 홍건군에 뛰어들었다. 주원장이 가담한 홍건군은 호주 일대에서 거병한 곽자흥의 부대였다. 주원장은 홍건군의 말단 군사였으나 무예가 출중하여 홍건군의 중심인물이 되었다. 곽자흥은 누구보다도 주원장을 깊이 신임하여 마침내 참모로 발탁했다.

'지금은 난세다. 난세에는 강한 군대만이 천하를 지배할 수 있다. 나에게는 나만의 군대가 필요하다.' 주원장은 고향으로 돌아가 7백 명의 청년을 모아 자기 휘하에 편입시켰다. 그리고 그들을 철저하게 훈련시켜 일당백의 용사로 만들었다.

그당시 반란을 일으킨 농민들은 대부분 오합지졸이었고 토벌군 역시 군기가 해이해 반란군을 토벌하는 것보다 농민들을 약탈하는 일에 더욱 열중하고 있었다.

주원장의 고향 출신 군사들은 군기가 엄정했을 뿐만아니라 명제국 건설에 초석이 되는 24명의 용장들이 있었다. '나는 무장병을 거느린 일개 장수에 지나지 않는다. 장수는 천하에 모래알처럼 널려있으나 나라를 일으키는 사람은 얼마되지 않는다. 이것은 훌륭한 보좌진이 없기 때문이다.'

주원장은 모신(謀臣)이 필요했다. 때마침 박주에 있던 유복통의 군사

9

들이 곽자흥의 휘하로 들어왔고 그 군사들 중에 문인 이선장이 있었다. 주원장은 이선장과 이야기를 나눈 후에 그가 책사로서 적격 인물이라는 것을 알 수 있었다.

이윽고 이선장이 검은 수염을 쓰다듬으며 주원장에게 물었다.

"장군께서는 어떤 포부를 갖고 계십니까?"

"장부로 태여났으면 마땅히 일가를 이루고 천하를 안정시켜야 한다고 생각합니다."

"그렇다면 제왕의 도를 배워야 합니다."

"제왕의 도라고 하셨습니까? 선생께서는 부디 미거한 저를 이끌어 주십시오."

주원장은 깜짝 놀라 이선장에게 넙죽 절을 했다. 이선장이 황망히 주원장의 어깨를 잡아 일으켰다. "장군의 고향에는 한고조가 계시지 않습니까? 한고조를 본받아 제업을 이루셔야 합니다." "저는 오로지 선생의 계책을 따르겠습니다."

주원장은 이선장의 말에 크게 감동해 그를 책사로 옆에 두었다. 이선장은 주원장을 그림자처럼 수행하면서 원나라를 몰아내고 한족의 제국을 건설하려는 원대한 계획을 세우고 이를 주원장에게 진행하도록 계책을 알려 주었다.

주원장은 이선장의 계책에 따라 화주를 지나 장강 유역의 남경을 거점으로 삼기로 했다. 그러나 남경은 원제국의 군사들이 철통같이 방어를 하고 있었다. 그러나 주원장은 치열한 공방전을 벌렸고 끝내 남경을 점령했다.

이때 원제국은 유복통의 군사들과 싸우느라고 주원장의 군사를 토벌

할 여유가 없었다.

"원이 유복통의 군사와 싸우고 있을 때 백성들을 안정시키고 나라를 세울 기틀을 마련해야 합니다."

이선장은 남쪽을 평정하면서 정부를 설치할 것을 권유했다.

주원장은 이선장의 권고에 따라 중국 땅을 계속 정벌해 나가면서 점차 남부지방이 평정되자 1368년 초 주원장은 마침내 스스로 명의 황제로 선포하고 남경을 수도로 하고 나라 이름을 명(明)이라하고 연호를 홍무라 하였다. 그래서 명태조를 통상적으로 홍무제로 불리운다. 명나라 북벌군이 노도같이 올라오는데도 원나라 조정은 당파싸움만 하고 있었다. 따라서 주원장을 막을 힘이 없었다. 원나라 장수들은 명나라 군사들을 보자 도주하거나 항복했고 순제는 후비, 황태자 등을 데리고 북쪽으로 도망갔다. 이로써 원나라 왕조는 쿠빌라이가 중국을 통일한지 90여년만에 붕괴되었다.

주원장의 등극으로 중국은 1백여년 만에 한족의 지배하에 한족의 역사가 다시 시작되었고 1382년 마침내 중국 전 지역의 주원장에 의해 통일되었다.

＊＊＊＊

탐욕에 빠지면 악인이 된다

위충현(魏忠賢1568-1627) 하간숙녕(오늘의 하북 숙녕)사람. 집안이 빈한했을 뿐만아니라 사람이 비천하여 노름과 도박을 일삼다가 살길이 막연했던 그는 궁여지책으로 거세를 한 뒤에 명나라 황궁에 들어가 환관이 되었다. 그러한 그의 운명이 어떠했을까?

위충현은 집안이 빈한한데다 사람 또한 비천하여 살아갈 길이 막연해지자 궁여지책으로 거세를 한 뒤 명나라 황궁으로 들어갔다.

그 무렵 명나라 황궁에서는 환관들이 정치적 역량을 발휘할 때였다.

위충현은 비록 거세를 했으나 궁녀들의 지분냄새가 풍기는 황궁에 살게 되자 깊은 회의를 느꼈다. 여자들은 많으나 환관의 몸이었기에 위충현은 여자들에 대한 욕망을 권력에 대한 탐욕으로 전환시켰다. 위충현은 광종의 생모인 황태후 왕씨를 받들고 있었다. 그는 누구보다도 영민하고 음험했지만 황궁에서 나는 새도 떨어뜨리는 권세를 갖고 있는 인물은 다름아닌 태감 위조였다. 위충현은 위조에게 접근하기 위하여 온갖 아양을 떨어 결의형제를 맺었다. 위조는 위충현을 광종에게 천거하여 환관의 우두머리나 다름없는 태감에 임명하게 했다. 위충현은 태감이 되자 광종을 등에 업고 권력을 휘두르려고 했다. 그러나 광종은 몸이 허약하고 병치레를 자주 했다. '황제는 얼마 있지 않아 죽게 될 것이다. 황제가 죽은 뒤 반드시 황태자가 대를 잇게 될 것이다.' 이렇게 생각한 위충현은 황태자 주유교에게 접근하려 기회를 엿보았다. 그러나 황태자궁에는 이미 많은 환관들이 있어서 접근이 쉽지 않았다. '황태자는 궁녀 객씨와 내밀한 관계다. 내가 먼저 객씨와 가까워져야한다' 라고 생각한 위충현은 위조에게 접근할 때처럼 많은 귀금속과 피륙을 가지고 객씨에게 접근했다. 객씨는 원래 황태자 주유교의 유모였고 어릴 때부터 그를 보살펴 온 여인이었다. 그런 그녀는 주유교가 커자 그와 동침을 하는 정부가 되어 끈끈한 관계를 맺고 있었다.

위충현은 온갖 방법을 동원하여 객씨의 환심을 샀다. 객씨는 마침내 위조와의 관계를 끊고 위충현과 대식 (밥을 같이 먹으면서 부부처럼 지내는 관례) 관계가 되었다.

위조는 위충현이 자신의 자리를 빼앗고 대식 관계에 있던 객씨마저 등을 돌리자 어떻게 해서라도 위충현을 죽이려고 음모를 꾸몄다. 그러나 이를 먼저 간파한 사람은 위충현이었다.

그리하여 위충현은 동창을 이용하여 위조를 제거했다. 동창은 영락제가 대신들의 반란을 두려워하여 환관을 첩자로 이용하기 위해 세운 기관이었다. 영락제는 북경으로 천도를 하자 황제를 호위하는 금의위마저 동창에 배속시켰다. 동창의 책임자인 제독동창에는 황제가 신임하는 환관을 임명하고 천여 명의 첩보원을 두어 비밀경찰로 활약하게 했다. 그러므로 동창의 권력은 환관들이 장악하고 있었고 동창에 의해 조정이 장악되어 있었기에 명나라를 통치하는 실질은 환관들이라 할 수 있었다. 위충현은 이러한 동창을 이용하여 위조를 죽인 뒤에 자신이 제독동창이 되었다.

광종은 즉위한지 1년만에 죽고 태자 주유교가 희종으로 즉위했다. 객씨는 봉성부인이 되어 위충현을 희종에게 천거했다. 희종은 위충현을 신임했다. 위충현은 황제의 신뢰를 등에 업고 황제에게 올라오는 모든 서류를 자신이 결제하였다. 뿐만아니라 자신의 출세에 방해가 되는 대신들은 가차없이 처단하였다.

"위충현이 국정을 함부로 농단하니 폐하께서는 그를 경계하시옵소서" 희종의 총희 조씨는 위충현의 악행을 희종에게 고했다. "그는 나의 충신이오."

희종은 조씨의 말을 듣지 않았다. 그러자 조씨가 위충현을 탄핵했다는 말이 위충현의 첩자들에 의해 그의 귀에 들어갔다. '어리석은 계집이 감히 나를 탄핵해?' 위충현은 총희 조씨를 없애야겠다고 생각했다. 위충현은 음모를 거듭한 끝에 조씨가 대신들과 사통하고 있다고 거짓으로 고했다. 그리하여 희종 총희 조씨는 결국 사약을 받고 죽었다. "위충현이 권력을 남용하여 국정을 농단하고 있으니 이자를 죽이지 않으면 명나라는 위태로울 것이오"

"그렇소 위충현은 사악한 자요."

명나라 조정의 대신들은 삼삼오오 모여서 웅성거렸다. 그러나 그들이 비밀리에 만나서 이야기를 하는 것조차 위충현의 귀에 들어가 다음 날이면 어김없이 동창의 군사들이 달려와 위충현에게 불만을 토로한 대신들의 일가를 멸종시켰다.

명나라 조정은 공포에 사로잡혔다. 위충현의 악행에 숨을 죽이고 있던 조정대신들은 동림당을 중심으로 위충현을 탄핵하기 시작했다. 도림당 70명의 대신들이 연명으로 상소하여 위충현을 탄핵하자 위충현은 희종에게 눈물을 흘리면서 억울하다고 호소했다. 희종의 사랑을 받고 있던 객씨도 위충현이 충신이라고 희종에게 간언했다. 희종은 위충현과 객씨가 억울하다고 아뢰자 그를 용서했다. '동림당은 나를 죽이려고 했으므로 철천지 원수다. 내가 살아 남으려면 동림당를 제거해야 한다.' 위충현은 동림당의 탄핵에서 벗어나자 이를 갈았다. 그는 동창을 이용하여 동림당을 철저하게 짓밟았다. 마침내 위충현은 황제를 능가하는 권세를 누리게 되었다. 조정에서 벼슬을 얻으려고 하는 사람은 위충현에게 온갖 아부를 하지 않으면 안되었고 위충현의 이름을 부르는 사람은 혀를 뽑히는 처벌을 받았다. 황제 희종이 죽고 그의 동생 사종이 즉위했다. 사종은 위충현에게 잔뜩 눌려 있던 동림당을 대거 기용했다. 이에 동림당이 또다시 위충현을 탄핵하여 결국은 봉양으로 귀양을 가게 되었다.

귀양을 가게된 위충현은 자신이 살아남지 못할 것이라는 것을 깨닫고 귀양가는 도중에 자살했다. 사종은 동림당의 탄핵을 받아들여 위중현의 시체를 여섯 토막을 내고 그의 수급을 강물에 던져 물고기 밥이 되게 했다. 환관 위충현은 권세를 탐하여 온갖 술수와 책략을 부렸다. 그러나 그의 간교한 책략은 자신뿐만 아니라 명나라까지 멸망하게 만들었다.

*** * * ***
진정한 의리

난포 (鸞布 기원전 238-기원전145년) 한나라 초기의 양나라 사람. 생활이 가난해 제나라의 어느 술집에서 머슴살이도 했으며 또 눈군지도 모르는 사람에게 납치돼 연나라로 팔려가 종이 됐다.

난포는 양나라 사람이지만 집안 형편이 어려워서 제나라의 어느 한 술집에서 머슴을 살았다. 그런데 뜻밖에도 난포는 누군지도 모르는 사람에게 납치돼 연나라로 팔려가 종이 됐다. 그렇지만 난포는 주인을 극진히 섬겼다. 주인을 위해 원수를 갚아 주기도 했다.

난포의 의로운 행동을 눈여겨본 연나라 장수 장도라는 사람이 그를 도위로 발탁했다. 그후 장도가 연나라 왕이 되자 난포는 장수로 승진했다. 그런데 장도가 모반을 일으키자 한나라 고조는 연나라를 치고 난포도 사로 잡았다.

갖은 난관을 딛고 양나라 왕이 된 팽월은 이 소식을 듣고 지난날, 가난하여 남의 집에서 머슴살이를 할 때 각별하게 친했던 난포를 위해 고조에게 부탁해 난포의 죄값을 돈으로 치르고 양나라의 대부로 삼았다.

16

난포가 팽월의 사신으로 제나라에 갔을 때 한나라 조정에서는 모반을 꾀했다는 죄목으로 팽월을 죽이고 삼족마저 멸했다.

　이런 사실을 알게 못한 난포가 돌아와 보니 팽월의 머리가 낙양의 성문에 매달려 있었고 다음과 같은 조서가 내려져 있었다. "감히 그의 수급을 거두어 돌보는 자가 있으면 체포하라" 모두들 두려워했지만 난포는 팽월의 수급 앞에서 사신으로 갔던 사안을 아뢰고 제사를 지내며 통곡했다. 결국 그는 체포됐다. 담당 관리가 자초지종을 고조에게 아뢰자 고조는 직접 명을 내렸다. "내가 그놈의 머리를 거두지 못하도록 했거늘 네놈만이 제사를 지내주고 통곡하니 팽월과 함께 모반한 것이 분명하다. 저놈을 빨리 삶아 죽여라."

　담당 관리가 난포를 끓는 물로 데려가려는데, 난포가 뒤돌아보며 한마디만 하고 죽겠다고 간청했다. "폐하께서 팽성에서 곤경에 처하고 형양현과 성고읍 사이에서 패하셨을 때 항왕이 서쪽으로 나아갈 수 없었던 것은 팽왕이 양나라 땅을 지키면서 한나라와 힘을 합쳐 초나라를 괴롭혔기 때문입니다. 그때 팽왕이 한쪽으로 치우쳐 초나라 편을 들었다면 한나라가 깨졌을 것이고 한나라 편을 들었다면 초나라가 깨졌을 것입니다. 또 해하의 싸움에서도 팽왕이 참가하지 않았다면 항우를 멸망시키지 못했을 것입니다. 천하가 평정된 뒤 팽왕은 부절을 나누어 받고 봉토를 받았으며 이것을 자손 대대로 전하려고 했습니다. 그런데 이제 폐하께서는 양나라에서 한 차례 군대를 모을 때 팽왕이 병들어 나가지 못하자 모반했다고 의심했습니다. 그 증거도 드러나지 않았는데 아주 작은 안건을 가지고 가혹하게 그를 죽이고 가족까지 멸하셨습니다. 신은 공신들 스스로 위험을 느껴 떨까 염려스럽습니다. 이제 팽왕이 이미 죽었으니 신은 사는 것보다 죽는 것이 차라리 낫습니다. 삶아 죽이십시오."

고조의 가혹함 때문에 그 누구도 말을 꺼내지도 못한 금기를 난포가 건드린 것이다.

뜻밖에도 고조는 난포의 진심을 알아주고 도위라는 벼슬을 내렸다. 난포는 승승장구해 문제가 있을 때에는 연나라 제상이 되고 다시 장군에 올랐다.

난포는 이런 말을 하기도 했다.

"힘들 때 치욕을 참지 못하면 사람구실을 할 수 없고 부귀할 때 뜻대로 하지 못하면 현명하다고 할 수 없다." 난포는 자기에게 은혜를 베푼 사람들에게는 후하게 보답했고 원한이 있는 사람들은 반드시 법에 근거하여 파멸시켰다. 이후 오나라와 초나라가 반란을 일으켰을 때 그는 군공을 세워 유후로 봉해지고 또 연나라 재상이 되었다. 기개와 용기, 대담함을 지닌 난포는 자신의 아들에게 물려 주고 세상을 떠났다.

연나라와 제나라에서는 모두 난포를 위해 사당을 세우고 난공사라고 했다.

난포는 자신의 삶에 대한 원칙이 너무도 엄격했기에 자신에게 은혜를 베푼 친구을 위해 어떤 일도 마다하지 않는 진정한 용기를 지닐 수 있었고 죽음의 고비에서도 굳건히 견뎌낼 수 있었던 것이다.

* * * *

가난을 보여주고
기회를 만들다

진평 (陳平 기원전? - 기원전178년)은 서한 양무 (오늘의 하남 원양) 사람. 집안이 가난했지만 책 읽기를 즐겼다. 형의 집에서 더부살이 하면서 살았는데 집안을 살피지도 않고 형의 농사일은 돌보지도 않아 형수는 차라리 시동생이 없는 편이 더 낫다며 면전에서 구박했다. 그런 그가 어떻게 처사에 능한 좌승상이 되었는가?

진평은 키가 크고 풍채도 있어 누구 보아도 빼어난 외모를 자랑했다. 진평을 만나는 사람들은 "자네는 가난한데 무얼 먹어 이렇듯 잘생겼는가?"라고 말하였다. 하지만 하는 일이 없이 빈둥거리는 그는 더부살이하는 주제에 집안을 살피지도 않고 농사일을 돌보지도 않으며 그저 방에 처박혀 글을 읽거나 세상사에 관심을 둘 뿐이었다. 그렇지만 그의 형은 밭가는 일을 하면서도 동생 진평이 마음껏 공부하도록 배려했다. 이런 형태를 보다 못한 형수는 차라리 시동생이 없는 편이 더 낫다며 면전에서 구박했다. 그러나 동생을 끔찍하게 아끼는 형은 구박하는 아내를 집 밖으로 내쫓아 버리기까지 했다. 장성한 진평은 가정을 꾸려 안정을 취해야 했지만 아무리 둘러봐도 부자들 가운데 그에게 딸을 주려는 사람은 없었다. 가난이라면 지긋지긋하게 생각하는 진평 역시 가난한 집 여자를 얻는 것을 부끄럽게 생각했다.

마침 마을에 장부라는 부자가 있었는데 그의 손녀딸이 다섯번이나 시집을 갔지만 그때마다 남편이 갑자기 죽어 아무도 그녀에게 장가들려하지 않았다. 진평은 팔자가 사나운 그녀를 아내로 맞이하겠다고 마음먹었다.

당시 마을에 상을 당하는 사람이 있었는데 진평이는 그 일을 도와주려 다녔다. 그의 장인인 장부는 가장 먼저 가서 가능 늦게 돌아오는 사위 진평을 주시하였다. 외모가 유독 돋보이기도 했지만 진평 또한 장인에게 잘 보이려고 노력했다.

어느날, 장부가 시종들과 함께 진평을 미행해 집으로 가보니 진평의 집은 성곽을 등진 막다른 골목에 있었다. 해진 자리로 만든 문이었지만 이상하게도 문 밖에 마을 장자 (덕이 고매한 자)들의 수레바퀴 자국이 많이 남이 있는 것을 보고 진평이 가난하지만 사람들의 인정을 받고 있다고 생각했다.

집으로 돌아온 장부는 아들에게 "손녀를 진평에게 주려고 한다."라고 말했다. 그러자 그의 아들은 "진평은 집이 가난한데도 생업에 종사하지 않아 온 고을 사람들이 그를 비웃고 있는데 어찌하여 제 딸을 그에게 주려고 하십니까?" 라고 물었다. 이 말을 들은 장부는 "그렇게 외모가 빼어난데도 끝까지 가난하고 미천하게 지내겠는가?"라고 반문하면서 마침내 소녀딸을 진평에게 주고 말았다. 진평이 장가든 것은 장래 희망이 있다는 신뢰를 얻었기 때문이다. 진평은 장가든 후 쓸 재물이 넉넉해지고 따르는 무리들도 많아지면서 교류하는 자들의 범위도 날로 확장 됐다. 후에 진말이 되자 제후들이 봉기하여 전국적인 대란이 일어났다. 진평은 형과 이별하고 몇 몇 마을 젊은이들과 함께 위왕을 섬기면서 자신의 재능을 펼치고 큰 역할을 하고 싶었다. 그런데 진평이 위왕에게 큰 계책으로 유세했으나 받아들여지지 않았고 또 몇 몇 사람들이 그를 헐뜯었기 때문에 그는 자리를 박차고 나와 항우의 진영으로 갔다. 그러나 항우도 대업을 이룰 만한 인물이 아님을 깨닫고 또 유방의 진영으로 갔다.

한고조와 여태후가 세상을 떠난 후 문제가 제위했다. 여태후를 등에 업고 전횡을 부리던 여씨일족들을 태위 주발이 주살했으므로 그 공이 커 진평은 주발에게 존귀한 자리를 양보하려고 병을 핑계대고 물러나고자 했다. 문제는 진평의 병을 이상하게 생각하여 그 까닭을 묻자 진평은 대답했다. "고조 때 주발의 공은 저 진평만 못하였습니다. 그러나 여씨들을 죽인 것은 주발의 공이 저보다 큽니다. 원컨대 우승상을 주발에게 양보하고자 합니다."

이 말을 들은 문제는 즉시 주발을 우승상으로 삼아 그 지위를 으뜸에 두고 진평은 좌승상으로 두 번째 지위에 두었다.

얼마후, 문제가 조회에서 우승상 주발에게 한 해 동안 소송건을 얼마나 판결하느냐고 묻자 주발이 사죄하며 알지 못한다고 답했다. 그러자 진평이 문제에게 말했다.

"주관하는 자가 있습니다. 소송 사건에 대해서는 정위에게 물으시고, 금전과 곡식에 대해서는 치속내사에게 물으십시오." "진실로 저마다 주관하는 자가 있다면 그대가 주관하는 바는 어떤 일이오?" 라고 문제가 진평에게 되물었다. 그러자 진평은 이렇게 말했다.

"저는 신하들을 주관합니다. 재상이란 위로는 천자를 보좌하며 음양을 다스려 사계절을 순조롭게 하고 아래로는 만물이 제때에 자라도록하며 밖으로는 사방 오랑캐와 제후들을 진압하고 어루만지며 안으로는 백성을 친하게 하여 복종하게 하고 경대부로 하여금 각자 그 직책을 맡게 하는 것입니다."

문제는 진평을 크게 칭찬했다. 주발은 스스로 자신의 능력이 진평에게 훨씬 못 미친다는 것을 깨달았다. 얼마 있다가 주발은 병을 핑계로 재상을 그만두기를 청하여 진평만이 승상직을 맡게 되었다. 진평의 출세 과정은 기회를 잡는데 탁월한 음모가 있었다. 처음 위왕을 섬기려 갔다가 다시 항우 진영으로 갔었고 또 유방에게 향하여 유방이 항우를 멸하고 공신들을 견제하여 제거하는데 공을 세웠으며 고조 유방이 세상을 떠난후 다시 여태후에게 붙었다가 그녀의 죽음을 틈타 여저 여씨족들을 주살한 뒤 한 문제의 등극을 돕고 자신이 재상이 된 것이다. 진평은 적절한 처세와 임기응변의 자세로 지혜와 책략을 발휘하여 시기에 살아남는 생존의 비법을 알았기 때문이다.

꽃들도 피고 지는 것을 안다

* * * *

장량 (張良 기원전? - 기원전 189년) 한나라에서 출생.
장량은 어린 시절부터 큰 꿈을 갖고 있었다. 그러나 한나라가 진나라에 멸망당하면서 그의 꿈은 산산조각이 났다. 그 무렵 아우가 죽었지만 장례 치를 생각도 하지 않고 재산을 몽땅 털어 시황제를 암살하기 위한 자금으로 썼다. 장량은 시황제의 암살에 실패하자 비탄에 잠겨 호북땅으로 향했다. 그로부터 장량의 행각이 어떠했을까?

장량은 어린시절부터 큰 꿈을 갖고 있었지만 한나라가 진나라에게 멸망당하면서 그의 꿈은 산산조각 나고 말았다. 그무렵 아우가 죽었지만 장례치를 생각도 하지 않고 재산을 몽땅 털어 시황제를 암살하기 위한 자금으로 썼다.

마침 그때 시황제가 동방을 순행한다는 소식을 접한 장량은 곧바로 회양으로 달려가 군장인 창해군을 만났다. "시황제를 죽여 한나라의 원수를 갚아야 합니다. 담력 있는 장사를 소개해 주십시오. 돈은 얼마든지 드리겠습니다."

23

당시 창해군은 회양땅에서 현자로 알려져 있는 인물이었다. "좋습니다. 나는 그대의 우국충정에 감동했습니다."

창해군은 곧 장량에게 장사 한 명을 소개해 주었다. 장량은 대장장이에게 부탁하여 무게가 120근이나 나가는 철퇴를 만들었다. 그리고 창해군이 소개한 장사와 함께 시황제가 오기만을 기다렸다. 드디어 시황제 순행단이 하남성 양무현 남쪽에 있는 박광사 계곡을 지나게 되었다. 장량은 곧 바로 장사와 함께 그곳으로 달려갔다. 숲속에 숨어 있던 두 사람은 시황제의 수레가 바로 앞을 지날 때 그 수레를 향하여 120근이나 되는 철퇴를 집어던졌다. 그러나 장사가 던진 철퇴는 엉뚱하게도 시황제의 수레가 아닌 바로 그 뒤에 따라오던 수레를 박살냈다. 장량과 장사는 그길로 도망을 쳐 버렸다.

시황제는 크게 노하여 두 사람을 찾기 위해 전국에 대대적인 탐색령을 내렸다. 장량은 변장을 하고 이름까지 바꾼 채 하비로 도망쳤다. 그렇게 도망다니던 어느날, 장량은 냇가에 앉아 슬픔에 잠겨 있었다. 그때 냇물 위의 다리를 지나던 한 노인이 신발을 떨어뜨렸다. "얘야, 신발 좀 건져 오너라."

노인이 장량에게 말했다. 장량은 냇물에 떠내려가는 신발을 가져다가 노인에게 신겨 주었다. 그런데 노인은 몇 걸음 걷지 않아 신발을 다시 냇물 위에 떨어뜨렸다. 장량이 가만히 살피니 노인이 일부러 그러는 것 같았다. '기이한 노인이구나. 왜 이런 짓을 하는 것일까? 나에게 분명히 무언가 말을 하기위해 이런 짓을 하고 있는 거야."

장량이 노인을 쳐다보자 노인이 신발을 건져다가 신겨달라고 말했다. 장량은 불평하지 않고 냇물에서 신발을 건져 노인에게 공손히 신겨 주었다.

노인이 세 번째를 그렇게 했을 때 장량이 비로소 입을 열었다. "노인장께서는 소인에게 어떤 가르침을 내리려 하십니까?" "너는 박랑사에서 진시황을 암살하려고 했던 장량이라는 자가 아니냐?" "노인장께서는 어찌 그 일을 알고 계십니까?"

장량이 깜짝 놀라 물었다.

"네가 의기로 진시황을 암살하려고 한 것은 좋으나 천시가 이르지 않았으니 실패한 것이다. 천하의 일이란 천명을 기다려 행해야한다." 노인의 말에 장량은 신묘한 이인이라는 것을 알고 일어나 넙죽 절을 했다. "노인께서는 분명하게 제게 가르침을 내릴 수 있는 분이십니다. 저의 길을 인도해 주십시오."

"네가 나에게 천시를 배우려는 뜻이 있다면 내일 밤 이 다리로 나오너라."

노인은 그말을 남기고 다리를 건너갔다. 장량이 황급히 뒤쫓아 가려고 했으나 노인은 축지법이라도 쓰는지 순식간에 사라져 버렸다. 장량은 노인이 신묘한 이인이라는 것을 알고 이튿날 밤 달이 떠오를 무렵 다리로 나갔다. 그러나 노인은 벌써 다리위에 앉아서 기다리고 있었다. "천시를 배우고자 하는 놈이 이렇게 게을러서야 어찌 하느냐? 내일 밤 다시 오너라." 노인은 장량에게 역정을 내고 벌떡 일어나서 가버렸다. 장량은 자신의 게으름을 탓하고 이튿날은 달이 뜨기도 전에 다리로 나갔다. 그러나 그날도 노인이 먼저 와서 다리위에 앉아 있었다. "홍! 천시를 알려고 한다는 놈이 노인보다 늦어서야 무엇을 하겠느냐? 내일 다시 오너라."

노인은 장량이 예측한 대로 버럭 화를 내고 가버렸다. 장량은 이튿날 해가 지기도 전에 다리에 나가서 노인을 기다렸다. 노인은 장량이 아무리 기다려도 나타나지 않았다. 밤이 오고 달이 높이 떠올랐다. 장량은 노인이 나오지 않는것이 아닌가 하여 돌아갈까 하고 생각을 했으나 혹시나 하는 생각에 밤이 이슥해질 때까지 기다렸다. 노인은 삼경이 되어서야 흰옷을 입고 표표히 나타났다. "네가 노인을 기다리는 것을 보니 천하를 도모할 만하다. 너에게 이 책을 줄테니 완전히 내용을 터득한 뒤에 세상에 나가거라."

노인이 장량에게 양피지로 된 낡은 고서 한 권을 건네주었다. 장량이 표지를 살피자 "태공병서"라고 씌어 있었다. 무왕을 도와 주나라를 건국한 병법의 대가 강태공이 남긴 병서였다.

"이 귀한 책을 저에게 주시니 은혜를 어찌 갚을지 알 수 없습니다. 바라건데 노인의 성함을 알려주십시오."

장량이 공손히 절을 한 뒤에 말했다.

"너와 나는 인연이 있으니 지금부터 13년 후에 곡성산 아래에서 만나게 될 것이다. 누런 바위가 있으면 그것이 나인 줄 알라."

노인은 빙긋이 웃은 뒤에 홀연히 사라졌다. 장량은 그때부터 깊은 산속에 들어가 노인이 전해 준 태공병법을 익히기 시작했다. 장량은 태공병서를 모두 익힌 뒤 한나라 왕 유방의 책사가 되었다. 그가 유방을 모시고 그세 황제를 공격하느라 형양을 향하여 행군하고 있을 때 곡성산을 지나다가 누런 바위를 발견했다.

'나에게 비서(泌書)를 준 노인이 13년후에 만나게 될 것이라고 한 것이 이 바위인가?'

장량은 누런 바위 앞에서 술과 음식을 차리고 제사를 지냈다. 유방과 군사들이 모두 의아해서 물으니 장량은 비로소 노인이 자신에게 병서를 건네준 사연을 설명했다. 유방과 군산들이 모두 감탄하여 하늘이 유방의 군사를 돕는다고 크게 기뻐 했다.

유방은 풍현에서 거병을 한 뒤에 항량의 휘하에 들어가기 위해 옹치에게 풍현을 지키게 했다. 군사를 일으킨 뒤에 지방에 웅거하고 있으면 아무 소용이 없기 때문에 유방은 군사를 이끌고 천하를 구한다는 명분으로 관중으로 향했다. 그러나 옹치는 유방이 군사를 이끌고 떠나자마자 배신을 하고 반기를 들었다. 유방은 군사를 이끌고 되돌아와 옹치를 공격했으나 옹치를 정복할 수가 없었다.

유방은 항량에게 군사 2천 명을 빌려달라고 했으나 항량은 군사를 보내오지 않았다. 이때 장량이 하나의 계책을 아뢰었다. "우리는 군사가 9천 밖에 되지 않으니 항량에게 5천의 군사를 빌려 달라고 하십시오."

"항량이 2천도 빌려 주지 않는데 5천명을 빌려 주겠는가?"

"항량은 틀림없이 5천의 군사를 빌려 줄 것입니다. 항량이 군사를 보내주지 않으면 제 목을 바칠 테니 한번 청해 보십시오."

유방은 장량이 워낙 단호하게 말하자 헛일하는 셈 치고 항량에게 사자를 보내 군사 5천을 빌려달라고 청했다. 그러자 항량이 두말 없이 군사 5천을 보내주었다. 유방과 장수들은 모두 기이하게 생각했으나 항량에게 빌린 군사로 옹치를 공격하여 점령했다.

"나는 항량이 우리에게 5천 군사를 빌려 준 것이나 그대가 5천의 군사를 빌려 달라고 한 까닭을 모르겠소. 항량은 무슨 까닭으로 군사 2천명을 빌려 달라고 할 때는 응하지 않다가 군사 5천명을 빌려 달라고 할 때는 선뜻 응한 것이오?"

유방이 승리를 자축하면서 장량에게 물었다.

"그것은 물과 같은 것입니다. 소금물이 아홉 되가 있는데 민물 두되를 섞으면 소금물이 됩니다. 그러나 소금물이 아홉 되가 있는데 민물 다섯 되를 섞으면 민물이 됩니다. 장군께서는 9천 명의 군사를 거느리고 있습니다. 항량은 9천명의 군사를 거느리고 있는 장군에게 2천 명의 군사를 보내면 흡수 될 것이라고 생각하고, 5천을 보내면 9천의 군사를 자기편으로 흡수할 수 있다고 생각한 것입니다.

"과연 그대의 지혜는 심오하기 짝 없소"

유방이 무릎을 치면서 연신 치하의 말을 아끼지 않았다. 유방은 관중으로 진격하다가 완성에 이르렀다. 그러나 완성이 격렬하게 저항을 하여 쉽사리 점령할 수가 없었다.

유방은 완성을 우회하여 관중으로 진격하려고 했다.

"완성을 우회하여 관중을 공격하면 배후를 공격당할 염려가 있습니다. 완성이 격렬하게 우리에게 저항하는 것은 우리 군사가 3만 밖에 안 된다고 생각하기 때문입니다. 이제 군사들이 깃발을 바꾸어 완성을 포위하고 공격하면 완성에서는 새로운 군사들이 몰려온 것으로 생각하고 항복할 것입니다."

장량이 또 한번 절묘한 계책을 아뢰었다. 유방은 즉시 군사들의 깃발을 바꾸게 한 뒤에 완성을 포위하고 맹렬하게 공격했다. 완성을 수비하던 역이기는 새로운 군사들이 몰려 온 줄 알고 공포에 질려 자살을 하려다가 유방에게 투항했다.

장량의 절묘한 계책으로 유방은 손쉽게 완성을 점령한 뒤에 관중으로 진격했다.

한신은 대장군이 되자 연전연승을 거두고 천하는 항우와 유방이 양태

세력을 형성하고 있었다. 이때 한신은 제나라 땅을 공격하여 점령했다. 유방은 항우의 군사와 격전을 치르고 패전의 위기에 몰려 있었는데 한신이 사자를 보내 제나라 땅을 빼앗았으니 가왕(仮王)에 봉해 달라고 청했다.

"나는 여기서 항우와 싸우느라고 고통을 겪고 있는데 한신은 왕이 될 생각만 하고 있다는 말이냐?"

유방이 대노하여 소리를 버럭 질렀다.

"한신은 수많은 군사를 거느리고 있고 우리는 불리한 처지에 놓여 있습니다. 그럴 바에야 한신을 제왕에 봉하여 후대하고 그의 군사로 항우를 치게 하십시오."

책사 장량이 아뢰었다.

"대장부가 제나라 땅을 평정한 공을 세웠는데 어찌 가짜 왕노릇을 할 수 있다는 말이냐? 한신을 제왕에 봉한다." 유방은 장량의 말을 알아듣고 다시 호통을 쳤다. 장량은 제나라 땅 임치에 가서 한신을 제왕에 봉하고 그의 군사로 초나라의 항우를 치게 했다. 한신은 책사 괴통의 천하삼분 지계를 받아들이지 않고 항우를 공격했다.

유방이 천하를 통일하자 장량은 즉시 사직을 하고 은퇴를 했다. 유방과 한나라 대신들이 일제히 그의 사직을 만류했다. 그러나 그는 병을 핑계로 사직하였고 한고조 유방은 그에게 많은 땅을 하사하였다.

미천한 평민이 황제가 되다

유방 (劉邦 기원전 256년 기원전 195년)은 패현풍읍 (오늘의 강소성 풍현) 사람. 농가에서 출생. 서른살이 되었을 때 겨우 하급관리 정장으로 되었지만 관청의 일 따위는 관심이 없고 술과 여색을 좋아하며 건달로 젊은 시절을 보낸 그가 어떻게 하여 중국역사상 미천한 평민출신이 처음으로 황제가 되었겠는가?

유방은 패현의 한 농가에서 태어났다. 그는 서른 살이 되었을때 겨우 하급 관리인 정장(亭長)으로 일하였다. 그러나 그는 관청의 일 따위는 관심이고 여자와 술을 좋아하여 왕노파나 무노파네 술집에 처박혀 외상술을 퍼마시며 소일을 했다.

어느날, 유방이 노무감독을 따라 진나라 수도 함양에 갔을 때였다. 마침 시황제의 행렬을 구경할 기회가 생겼는데 그 거창한 모습을 보고 그는 속으로 장탄식을 하였다.

"아아, 사내대장부가 세상에 태어났다면 마땅히 저렇게 되어야 하는데."

비록 이름 없는 관리였지만 유방은 이때부터 남몰래 큰 꿈을 키우기 시작하였다.

진나라에서 시황제 능묘를 만들기 위해 대규모 공사를 벌일 때의 일이었는데 당시 유방은 하급관리였으므로 관의 명령에 따라 죄수들을 시황제 능묘 공사현장인 여산까지 인솔하게 되었다. 원래 죄수들은 막돼먹은 사람들이기 때문에 다루기가 쉽지 않았다. 죄수들은 틈만 나면 도망갈 궁리를 하였다. 그래서 아무리 감시를 철저히 해도 도망가는 죄수가 점점 늘었다. 이러다가는 목적지까지 갈 경우 단 한명의 죄수도 남아날 것 같지 않았다.

유방은 어느 늪지대에 이르렀을 때 행군을 중지시켰다. 그리고 숲 그늘에 주저앉아 술을 퍼마셨다. 술을 마시다 보니 어느덧 주위가 어두어졌다.

"자, 너희들은 이제 자유다. 어디로 도망가도 좋다. 나도 여기서 도망칠 것이다."

유방의 말에 죄수들은 도망을 치기 시작하였다. 그런데 젊은 사람 10여명은 그대로 주저 앉았다. "저희들을 데리고 가 주십시오."

호남다운 유방에게 그 젊은이들은 감탄을 한 것이었다. 유방은 10여명의 젊은 이들과 함께 늪지대를 빠져나가기 시작하였다. 그 무렵 시황제는 방사들로부터 동남쪽에 천자의 기운이 있다는 이야기를 듣고 동쪽으로 군사를 파견하였다. 유방은 군사들이 몰려오자 자신과 관계되는 일일지도 모른다는 생각에 망산등 험준한 산으로 옮겨 다니며 몸을 피하였다.

유방의 이야기가 고향 패현에 소문이 나자 그의 부하가 되겠다고 찾아오는 젊은이 들이 구름떼처럼 몰려들었다.

그 때 진시황이 죽었다. 진나라 2세 황제 원년 가을에 진능이 반기를 들고 군사를 일으키자 주변 여러 현에서도 앞을 다투어 반란군에 가담하는 사람이 늘어났다.

패현의 현령도 진나라에 반기를 들고 일어나 진승의 군대에 가담하고자 하였다. 그래서 현령은 주변 사람들에게 의견을 타진해 보았다.

"현령은 뭐니뭐니 해도 진나라의 관리입니다. 진나라에 반기를 든다고 해서 젊은이들이 기꺼이 동조할지 의문입니다. 우선 현 밖으로 도망친 자들을 모아보는 게 어떨지요?"

"현 밖으로 도망친 자가 누구인가 ?"

"유방입니다."

패현의 현령은 그 말이 옳다고 여겨 우선 부하인 번쾌를 시켜 유방을 불러들이게 하였다.

이 무렵 유방은 1백여명의 젊은이들을 거느리고 있었다. 현령의 명을 받고 간 번쾌도 유방의 패에 끼어들었다. 뿐만 아니라 패현의 장수들인 소하와 조삼도 유방과 한패가 되었다.

이렇게 되자 고을의 원로들은 다 같이 뜻을 모아 유방을 패현의 지사로 추대하였다.

패현에서 군사를 일으킨 유방은 관중을 공략하기 위하여 곧바로 진군을 계속하였다. 이리하여 한나라 원년 10월에 패공 유방은 다른 제후들보다 앞질러 패상으로 군대를 진군 시켰고 이어 곧 군사들과 함께 진나라 수도 함양으로 입성하였다. 그리고 나서 함양의 원로들과 많은 사람들을 모이게 한 뒤 다음과 같이 선포하였다.

"앞으로 관민이 함께 편안하게 지낼 수 있을 겁니다. 우리가 관중에 들어온 목적은 여러분을 위하여 진나라의 폭정을 제거하자는데 있었습니다. 그러므로 결코 난폭한 짓은 하지 않을 겁니다. 또한 우리 군사는 다시 패상으로 철거하여 거기서 제후들을 기다릴 것입니다. 그들과 정식으로 협의를 가지기 위해서 입니다."

이렇게 되자 유방에 대한 평판은 더욱 높아졌다. 진나라 백성들은 벌써부터 그를 왕으로 추대해야 한다고 분위기를 형성했다 그때 마침 항우는 유방이 관중의 왕이 되려고 한다는 말을 듣고 크게 노하여 당장에라도 쳐들어갈 기세였다.

당시 항우의 군대는 40만이었으나 그 기세는 1백만에 해당하였고 유방의 군대는 고작 10만으로 아무리 고군분투하더라도 20만 병력에 해당하는 힘밖에 쓸 수 없는 형편이었다.

먼저 관중에 입성하고 나서도 유방은 항우에게 밀려 변방의 땅으로 쫓겨 갔다. 행군 도중 유방의 군사들은 점점 늘어 났다. 특히 초나라의 많은 장수들과 군사들이 항우에게서 도망쳐서 유방에게로 돌아왔다. 이러한 가운데 한나라와 초나라는 서로 공격과 후퇴를 거듭하면서 오래도록 대치상태를 유지하였다. 그러나 사실상 유방과 항우 사이에서는 심리전이 계속되고 있었다. 항우는 유방에게 1대1로 맞대결 하자고 나왔다. 그러나 유방은 힘이 아닌 지혜로 싸우자며 다음과 같이 항우의 죄상을 폭로하였다

"항우는 들어라 ! 애당초 초나라 회왕의 명령을 받들어 진나라를 타도할 때 관중에 먼저 입성하는 자가 그곳의 왕이 되기로 약정이 되어 있었다. 네놈은 약정을 어기고 관중에 먼저 입성한 나를 저 멀리 촉 땅으로 내몰았다. 이것이 항우, 네놈의 첫 번째 죄다.

네놈은 초나라 대장군 송의를 죽인후 그 자리를 빼앗은 것이 두 번째 죄다.

네놈은 조나라를 구원한뒤 제후의 군사를 협박하여 관중의 침입을 강행한 것이 세 번째 죄이다. 진나라의 영토를 공략하면 일체의 약탈 행위는 하지 않겠노라 맹세해 놓고 네놈은 진의 궁전을 불태우고 시황제의 능묘를 모독하였으며 온갖 재물을 약탈하였다. 이것이 네놈의 네 번째 죄다. 게다가 네놈은 투항한 진왕을 죽였다. 이것이 다섯 번째 죄다.

네놈은 진나라 포로병 20만 명을 생매장하고 진나라 장수 장한을 옹의 왕위에 앉혔다. 이것이 여섯 번째 죄다. 네놈은 봉읍을 분배할 때 좋은 땅은 모두 네 부하들이 차지하게 했고 영주가 네 뜻을 거역하면 부하를 동원하여 그 영주를 내쫓은 것이 일곱 번째 죄다.

네놈은 초나라 의제를 팽성에서 내쫓고 그 자리를 빼앗았으며 양나라와 초나라를 손아귀에 넣은 것이 여덟 번째 죄다. 네놈은 팽성에서 쫓겨난 의제를 결국 강남에서 주살하였는데 이것이 아홉 번째 죄다. 네놈은 신하의 몸으로 감히 군주를 죽이고 또한 투항한 자를 살해하고 정치는 불공평하기 짝이 없으며 스스로 약속한 바를 이행하지 않았다. 도대체 이 따위 대역무도가 이 세상 천지에 네놈 말고 또 어디 있겠느냐? 이것이 네놈의 열 번째 죄다.

이렇게 유방은 계곡 하나를 사이 두고 건너편을 향하여 우방의 죄상을 낱낱이 밝혔다. 이 욕설을 듣고 있던 항우는 눈알이 튀어 나올 지경이었다. 항우는 옆에 숨겨두었던 석궁으로 유방을 쏘았다. 유방은 날아오는 화살이 그의 가슴에 약간 상처를 입혔다. 그러나 그는 일부러 발끝을 산다듬으며 이렇게 외쳤다.

"저런 야만인을 봤나? 어른의 발바닥을 겨누다니.........!"

이 말을 듣고 항우는 약이 오를 대로 올라 그 자리에서 펄펄 뛰기만 하였다.

유방은 설전으로 항우를 완벽하게 누른 것이었다. 한나라 5년, 초나라 항우와의 끈질긴 전쟁이 끝났다. 천하를 평정한 유방은 신하들에게 각기 그 공적에 맞는 논공행상(論功行賞)을 실시했다. 이렇게 되자 제후들과 장군 및 재상들은 한왕을 높여 '황제'로 부르자고 상의했다. 이때 유방은 세 번 사양했다. "내가 듣기에 제위라는 것은 현명한 자만이 가질 수 있는 것이라 했소. 실없이 공허한 호칭만으로는 그것이 유지될 턱이 없는 법이오. 나 같은 인간에게는 제위란 당치도 않소." 그러자 군신들이 입을 모아 말하였다.

"대왕께서는 미천한 신분에서 몸을 일으켜 포악무도한자들을 주멸한 뒤 천하를 평정하셨습니다. 공이 있는 자에게는 땅을 갈라 왕으로 봉했습니다. 만약 대왕께서 '황제'를 칭하지 않으시면 대왕께서 왕으로 봉한 제후들과 상하의 차별이 명백하지 않습니다. 신들은 죽는 한이 있어도 이 청원을 철회하지 않을 것입니다."

유방은 결국 신하들의 청원에 못 이겨 황제의 제위에 올랐다. 이때부터 유방은 한나라 최초의 황제 고조가 되었다. 천하가 평정되고 평화가 찾아 왔지만 그러나 곳곳에서 반역이 일어나 한고조는 스스로 군사를 이끌고 나가 싸웠다. 한나라 12년에 경포가 반란을 일으켰는데 이때도 한고조는 직접 군사를 이끌고 나가 반란군을 격퇴시키다가 적의 빗나간 화살에 맞아 몸에 상처를 입었다. 그러나 그 상처가 대수롭지 않았다. 이를 걱정한 여후가 의원을 불러 진찰을 하였다. "폐하 이 병은 틀림없이 낫습니다."

의원은 이렇게 장담했지만 한고조는 버럭 화를 냈다.

"짐은 서민 출신으로 칼을 잡아 천하를 재패했다. 이건 천명을 받고 태어났기 때문이었다. 운명은 하늘이 정하는 것. 편작같은 명의가 올지라도 운명을 고쳐놓을 수는 없다."

한고조는 끝내 치료를 거절하였다. 병이 깊어져 더 이상 기력을 회복하기 어려워졌을 때 여후가 걱정이 되어 한고조에게 물었다. "폐하께 만일 어떤 일이 생기고 대신 소하까지도 죽었다하면 누구를 후임으로 선택하면 마땅하겠습니까?"

"조삼이 좋을 거요."

"그 다음은 요 ?"

"왕릉이 좋겠지. 그러나 그 사나이는 머리가 명석하지 못한 것이 흠이지. 진평에게 그자를 보좌하도록 해야 할 것요. 진평은 재기 발랄한 인물이긴 하지만 그렇다고 그에게 모든 것을 내맡기면 또한 위험하기 때문이오. 주발도 괜찮은 인물이긴 한데 그는 중후하지만 멋대가리가 없어요. 하지만 우리 유씨 가문을 영속케할 신하라면 역시 주발밖에 없을 것 같군. 그를 태위에 임명하는게 좋겠소."

"주발 다음에는 또 누구를?"

"거기까지는 당신이 몰라도 돼."

한고조 유방은 자신이 죽은 후의 인사까지도 챙길 만큼 사람부리는 기술에 뛰어난 군주였다. 유방은 제위 12년 만에 죽었으며 그 뒤를 이어 태자 효혜가 제위에 올랐다.

***

거지의 행운

한신 (韓信 기원전? - 196년)은 회음 (오늘의 강소성) 사람. 의지가지 할 곳 없는 가난뱅이어서 동네 불량배들에게 놀림받고 가랑이 밑으로 기어가는 수모를 겪고 갖은 치욕의 나날을 보내면서까지 왜 그는 살아가려고 했을까?

한신은 어려서부터 기골이 장대하고 똑똑하였으나 워낙 가난하고 의지가지할 곳 없어 한 정장인 하급관리 집에 붙어 얻어먹으며 살았다. 어느날, 한신은 관리의 집을 나왔다. 그리고는 성밖에 나가 낚시를 하며 지냈다. 배가 고파 잔뜩 몸을 움츠린 채 한 마리의 물고기라도 낚아 올리려고 애를 썼다. 그러나 한신의 주린 배를 채워주기 위해 낚시에 걸려들 눈먼 물고기는 없었다. 한나절이 되도록 물고기는 낚지 못했다.

그때 빨래를 하러 나왔던 한 노파가 한신이 배고파하는 모습을 보고 불쌍히 여겨 자기 집으로 데려가 밥을 먹였다. "제가 나중에 출세하면 틀림없이 많은 보답을 하겠습니다."

노파의 집을 나올 때 한신은 정중하게 절을 하며 말했다.

"대장부가 스스로 벌어먹지 못하기에 나가 가엽게 여겨 음식을 준 것

뿐이오. 어찌 보답 따위를 바라겠소? 어서 좋은 일자리나 찾아보도록 하오."

한신은 노파의 말에 용기를 얻었다.

한신은 무술을 연마하기 위해 허리에 긴 칼을 차고 다녔다. 다고나기를 기골이 장대하였지만 너무 굶주려서 버쩍 마른 데다 허리도 구부정하여 늘 엉거주춤한 자세로 걸어 다녔다. 마을 사람들은 그를 바보로 취급했으며 같은 또래의 청년들도 그를 마구 놀려대었다.

"야, 바보 멍청이 한신아!"

건달 대장이 한신의 앞을 가로막았다.

"한신! 너 왜 대답이 없냐? 큰 칼을 옆구리에 차고 다니면 다 장군이 되는 줄 아냐? 비록 넌 칼을 차고 다니긴 하지만 넌 겁쟁이가 분명해. 만약 겁쟁이가 아니라면 그 칼로 나를 찔러봐. 네가 이 자리에서 나를 죽이지 못한다면 당장 내 가랑이 아래로 기어가야 한다. 알겠냐?"

건달 대장은 허리에 양손을 올려놓은 채 자신의 가랑이를 넓게 벌리고 섰다. 한신은 부르르 진저리를 쳤다. 그는 인내심이 강한 편이지만 이처럼 굴욕적인 모욕을 참기는 어려 웠다. 한신은 당장이라도 허리에 찬 칼을 빼어 건달 대장의 가슴을 찔러버리고 싶었다. 그러는 사이에 마을 사람들이 몰려왔다.

"저 바보가 손을 떨고 있어. 칠칠치 못한 녀석. 밥이나 얻어먹고 다니는 주제에 칼 하나는 좋은 걸 차고 있군."

이때 한신은 결심을 내렸다. 위기를 벗어나기 위해 자신의 마음을 다스려 순간적인 살인의 충동에서 벗어날 수 있었다. 결심을 굳힌 한신은 땅바닥에 엎드렸고 곧 건달 대장의 가랑이 사이로 엉금엉금 기어갔다. 구경을 하던 동네 사람들은 껄껄대고 웃으며 용기없는 비굴한 사내라며 손가락질을 했다. 한신은 이를 악물고 참았다.

세상은 더욱 어지러워 졌다. 초나라 항량이 회수에 왔을 때 한신은 그의 군대에 합류했다. 그러나 한신은 한량 밑에서 두각을 나타내지 못하였다.

항량이 죽자 한신은 항우의 군대에 귀속하여 싸웠고 이때도 그는 낭중이라는 낮은 지위에 있었다. 한나라 군대가 촉땅에 들어오자 한신은 초나라 항우에게서 도망쳐 유방에게로 갔다. 그러나 유방에게서도 보잘 것 없는 벼슬을 얻었을 뿐이었다.

그런데 한신은 뜻하지 않은 죄를 지어 참형에 처하게 되었다. 열세 명이 함께 죄를 받아 차례로 목이 잘려나가 맨 마지막에 한신의 차례가 되었다. 한신은 죽기 아니면 살기로 외쳤다. "도대체 대왕은 천하를 얻으려는 겁니까. 아예 포기하려는 겁니까? 이렇게 장사들을 모조리 죽이면 누구와 함께 천하를 도모하려 하십니까?"

때마침 등공은 소리치는 한신의 얼굴을 자세히 바라 보았다.

그의 눈에서는 심상치 않은 광채가 번뜩이고 있었다.

"그 사람을 풀어줘라!"

한신은 등공의 덕분에 절명의 순간에서 목숨을 건질 수 있었다.

등공은 한신과 몇 마디 대화를 나눠본후, 한신이 비범한 인물임을 간파하였다.

"천하를 얻으려면 좋은 인재를 만나야 합니다. 한신은 진흙 속에 파묻힌 옥돌입니다."

등공은 유방에게 한신을 천거하였다. 그러나 유방은 한신을 대견치 않은 인물로 보아 군량을 관리하는 하찮은 직책을 맡겼다. 그런데 승상인 소하는 한신을 자주 접촉하면서 그가 비범한 인물임을 알게 되었다. 소하는 유방에게 한신을 크게 쓰라고 권유하였다. 그러나 평소에 대견치 않은 인물로 생각하고 있던 유방은 그를 귀양처 같은 오지인 한중땅으로 보냈다.

"아아 ! 항우도 유방도 나를 알아주지 않는구나. 이제 그 누구와 천하를 도모할까?"

한신은 한중으로 가던 도중인 남정이란 곳에서 도망쳐 버렸다.

이때 다른 장수들도 수십명이나 달아났다. 유방은 달아나는 사람을 굳이 붙잡지 않았다. 한신이 도망쳤다는 소식이 소하의 귀에 들어 갔다. 소하는 급히 그의 뒤를 쫓았다. 누군가가 유방에게 보고하였다. "승상 소하가 도망쳤습니다."

유방은 몹시 낙담하였다. 날개 한 쪽이 떨어져 나간 것 같았던 것이다. 소하만큼은 유방도 인재를 아끼고 있었기 때문이었다. 그런데 이틀 후에 소하가 돌아왔다.

"그대가 도망을 치다니 어찌된 일이오?"

"저는 도망간 것이 아니라 한신을 붙잡으로 간 것입니다."

"한신을? 여러 장수들 중에 도망간 자가 수십명이 되는데 왜 하필 한신만 붙잡으러 간거요?"

"다른 장수들은 얻기가 쉽습니다. 그러나 한신과 같은 인물은 다시 얻기가 어렵습니다. 대왕께서 한중의 왕으로만 머물러 계실 거라면 한신을 대수롭지 않게 여겨서도 무방합니다. 그러나 천하를 얻으려면 한신이 아니면 함께 일을 도모할 사람이 없을 것입니다. 이것은 왕께서 택일을 하실 문제입니다."

"어찌 이런 곳에 머물러 있길 원하겠소?"

"그렇다면 한신을 붙잡으십시오. 한신은 크게 쓰면 머물것이고 작게 쓰면 도망갈 것입니다."

"공의 간곡한 청을 거절할수 없으니 한신을 장군으로 삼겠소."

"일개 장군이라면 한신은 다시 도망칠 것입니다."

"그러면 대장군으로 삼겠소."

결국 유방은 소하의 주장에 굴복하고 말았다. 이때 한나라 장군들은 이름도 별로 알려지지 않은 한신이 대장군에 임명되자 모두들 어처구니 없는 표정을 지었다.

대장군이 된 한신에게 유방이 물었다.

"승상이 자주 장군의 이야기를 하였소. 장군은 지금 과인에게 어떤 계책을 세우는게 좋을지 말해주시오."

"지금 대왕께서 동쪽으로 진군하여 천하의 대권을 다툴 대상자는 항왕이 아니겠습니까?"

"그렇소."

"대왕께서 스스로 생각하시기에 용감하고 사납고 어질고 굳세기가 대왕과 항왕중 누가 더 낫다고 생각하십니까?"

"과인이 그만 못하오."

한신은 두 번 절하고 다시 말했다.

"바로 말씀해 주서서 감사합니다. 저도 그렇게 생각합니다. 저는 일찍이 항왕을 섬긴 적이 있습니다. 항왕은 성내어 큰 소리로 꾸짖으면 천 사람이 다 엎드릴 정도로 무섭습니다. 그러나 어진 장수가 있어도 그에게

41

병권을 맡기지 않습니다. 그리고 사람을 대할 때 공경하며 또한 자상하게 대해주고 부드러운 말로 이야기 합니다. 병이 든 신하에게는 울면서 자신이 먹고 마시는 것을 나누어 줍니다. 그러나 자기가 부리는 사람이 공을 세워 마땅히 상과 벼슬을 내려야 할 때가 되면 머뭇거립니다. 이것은 한갓 아낙네의 인정에 불과합니다."

"옳은 말이오. 장군은 항우의 인간 됨됨이를 아주 정확하게 꿰뚫고 있소."

유방은 한신의 열변에 연신 고개를 끄덕였다.

"항왕이 많은 군사를 거느리고 제후들을 수하에 두고 있으나 군사들은 잔인한 항왕을 싫어하고 있습니다. 항왕은 또 진나라 장함의 군사 20만명을 구덩이에 생매장한 일이 있습니다. 진나라의 부형들은 이때의 원한이 골수에 사무쳐 있습니다. 이러한 때 대왕께서 병사를 일으켜 동진하신다면 옛 삼진의 땅은 모두 격문 한 장으로 평정될 것입니다."

유방은 크게 기뻐하며 한신의 계략대로 동진을 하기 시작하였다. 하루는 책사인 괴통이 한신을 은밀하게 찾아와 이렇게 말했다.

"지금 천하는 항왕과 한왕에 의해 양분되어 있습니다. 장군께서 한왕의 편을 들면 한왕이 천하를 통일하고, 항왕의 편을 들면 항왕이 천하를 통일할 것입니다. 한왕과 항왕이 천하를 양분하고 있으나 실은 그들의 목숨이 장군의 손에 달려 있습니다. 장군께서 천하를 셋으로 나누어 그 중의 하나를 가지시려면 저의 계책에 귀를 기울이십시오. 장군은 이미 강대한 제나라를 평정하고 연과조를 거느리고 있으므로 항왕과 한왕에 못지않은 세력을 갖고 있다고 할 수 있습니다. 이렇게 큰 세력을 갖고 있으면서 군이 한왕의 오른팔 역할을 할 필요는 없습니다. 장군께서 천하를 삼분하여 덕으로 다스리고 제후들을 임명하면 천하의 군주들이 다투어 입조하여 복종할 것입니다. 하늘이 주는 것을 받지 않으면 도리어 화를 입는 다고 들었습니다."

이때 유방은 항왕과 결전을 준비하고 한신을 몇 번이나 불렀으나 한신은 오지 않았다. 한신은 괴통의 말을 듣고 유방을 배신할 생각은 없으나 왕에 책봉해주지 않는 것이 불만이었다. 그리하여 장량이 유방에게 한신을 제왕에 봉하라고 말하였다.

"한신은 왕이 되기를 바라고 있습니다. 그는 제왕이 될만한 재목은 아니나 군사를 부리는데는 따를 자가 없습니다. 한신을 제나라 왕에 봉하면 반드시 군사를 이끌고 달려올 것입니다."

유방이 장량의 책략대로 한신을 제나라 왕으로 봉하자 그는 군사를 이끌고 와서 유방의 군진에 합류했다. 천하는 항우와 유방이 양분하고 있었다. 항우는 사자를 보내 한신을 자기 편으로 끌어들이려고 했다. 그러나 한신은 이를 거절했다. 한신은 이후, 해하에서 유방과 합류하여 항왕을 패배시켰다. 항우는 우미인을 죽인 뒤에 자살하고 유방은 천하를 통일했다.

유방은 한신의 군사를 빼앗고 한신을 초왕에 봉하여 하비를 도읍으로 삼게했다.

한신은 초왕에 책봉되자 그 옛날 냇가에서 빨래를 하면서 자신에게 밥을 주었던 노파를 찾아 황금을 하사하였다 그리고 어린 시절을 돌봐준 정장에게는 돈 1 백냥을 주었다.

한신은 또 자신을 가랑이 사이로 기어가게 한 건달 대장도 불러 이렇게 말했다.

"당신은 용감한 사내다. 당신이 나를 모욕했을 때 내가 어째서 죽일수 없었겠는가? 그러나 당시 나는 당신을 죽여서 아무런 명예도 얻을 수 없음을 알았다. 살인죄만 짓고 인생을 망칠 수도 있었던 순간이었다. 그러나 나는 그런 충동을 잘 참았고 가랑이 밑으로 기어가는 굴욕을 견뎌낼 수 있었기 때문에 오늘날 많은 군사를 부리는 장수가 될 수 있었다. 사람은 나에게 굴욕이 무엇인지를 가르쳐 주었다."

한신은 건달 대장에게 마을의 치안을 담당하는 중위의 벼슬을 주었다. 이러한 한신을 본 마을 사람들은 그때서야 한신의 도량이 크다는 것을 알고 감탄했다.

귀신이 된 초나라 진왕

진승(陳勝 기원전? - 기원전208년) 진나라 양성 (오늘의 하남성 등봉) 사람. 가난한 농민 출신으로 남의 집 머슴살이를 하였다. 자신의 가난한 인생살이에 진절미를 느꼈다. 그런던 그가 어떻게 진나라의 최초로 되는 반기를 들고 일어났고 초나라를 세우고 왕까지 되어 6개월만에 죽었을까?

가난한 농민 출신인 진승은 젊었을 때 남의 집 머슴살이를 하고 있었다. 어느 날 밭에서 일하던 그는 잠시 밭둑에 나와 쉬고 있다가 문득 자신의 가난한 인생살이에 진절미를 느꼈다.

"이대로 살아서는 안되겠어. 어차피 한번 죽을 바에야 나도 남들처럼 출세를 해야지!"

진승은 한숨을 쉬다 말고 어떤 결심이 선 듯 주먹을 불끈 쥐며 말했다. 마침 옆에 있던 동료 머슴이 코웃음을 쳤다. "웃기는 소리 그만 하게. 머슴을 사는 주제에 출세는 무슨놈의 출세인가?"

"참새가 어찌 고니의 뜻을 알겠는가? 내가 출세를 하더라도 옛 친구는 결코 잊지 않겠네."

진승은 동료 머슴의 등을 치며 말했다.

진나라 2세 황제 7월, 이때 진승과 동료머슴 오광은 분대장이 되어 국경 경비대로 동원되어 900여 명의 군대를 이끄는 책임을 지고 국경지대로 떠났다. 그런데 도중에 큰비를 만나 행군이 지연되는 바람에 기일 내에 목적지에 도착할 수 없게 되었다. 당시 군법은 엄해서 만약 기일 내에 목적지에 도착하지 못하면 책임자는 목이 잘리는 형벌을 받아야 했다.

"이래 죽으나 저래 죽은 마찬가지이다. 이대로 도망쳐도 잡힐 것이고 행군을 계속해도 기일 내에 못가니 죽을 것이고, 에이 우리 이왕 죽을 바엔 나라를 한번 발칵 뒤집어 보고 죽자!" 진광이 오광에게 말했다.

"천하가 진나라 밑에서 괴로움을 당한 지도 이미 오래되었소. 내가 듣기로 2세황제는 형 부소를 죽이고 제위를 빼앗았다. 하오 그러나 대부분 백성들은 부소가 현명하다는 얘기를 들었으나 그가 죽었다는 사실은 잘 모르고 있습니다. 또 항연은 초나라 장군이 되어 큰 공훈을 세우고 부하들을 사랑하여 초나라 사람들이 그를 높이 받들었으나 혹은 죽었다고도 하고 혹은 어디론가 도망갔다고도 합니다. 지금 우리가 거짓으로 부소와 항연을 사칭하고 진나라에 반기를 들고 거사하면 호응하는 사람들이 많을 것이오."

오광도 이렇게 말하며 진승의 의견에 동조하였다. 그래서 두 사람은 우선 점술가를 찾아 갔다. 이들의 야망을 눈치 챈 점술가는 다음과 같이 말했다.

"지금 모의하고 있는 일은 틀림없이 성공합니다. 그런 당신들은 귀신이 됩니다."

진승과 오광은 점술가의 말을 듣고 좋아하였다. 그러나 점술가의 점

패에 나오는 "귀신"이란 말은 곧 죽는다는 뜻이었다. 그런데 진승과 오광은 "귀신"이란 바로 귀신의 힘을 빌려 사람들로 하여금 꼼짝 못하고 복종하게 하라는 뜻으로 결론을 내린 후, 다음과 같은 계략을 짰다. 진승은 "진승이 왕이 될 것이다." 라고 붉게 쓴 헝겊 조각을 어부의 그물에 걸린 물고기 뱃속에 슬쩍 집어넣어 두었다. 그 물고기를 어느 병사가 사다가 요리를 하기 위해 배를 갈랐다. 그 속에서 나온 헝겊에는 해괴한 글자가 쓰여 있었다.

진승은 또 다른 계략을 꾸몄다. 군대가 야영을 하고 있는 숲속 근처에 마침 사당이 하나 있었는데 오광을 잠복시켜 도깨비불을 피우고 여우 목청을 내어 다음과 같이 외치게 하였다.

"초나라가 일어난다. 진승이 왕이 될 것이다!"

이 소리를 들은 병사들은 밤새 잠을 못 이루다가 날이 새자 진승을 따르겠다고 나섰다. 진승은 국호를 대초(大楚)라 하고 스스로 장군이 되었으며 오광은 도위에 올랐다.

진승의 군사는 점점 불어났다. 병거 700대, 기병 1천여명, 병졸이 수만명에 이르렀을 때 여러 고을의 책임자인 원로와 유력자들이 모였다. 그들은 이렇게 말했다.

"장군께서 몸소 칼을 잡고 나서서 천하의 무도한 무리들을 내몰고 폭정을 벌하고 초나라를 다시 일으켰습니다. 그런 공적을 보더라도 왕위에 오르시는 것이 마땅합니다."

진승은 이를 받아들여 왕위에 오르고 국호를 다시 '장초'라 하였다. 새로 건립한 초나라 진왕이 된 그에게 옛날 머슴살이 할 때의 동료가 찾아왔다. 궁궐문을 지키던 수문장이 들여 보내지 않자 그 머슴은 진왕이 외출하기를 기다리고 있다가 결국 만났다.

"섭아 !"

머슴은 진왕의 옛날 이름인 '섭'이라고 호칭하였다.

"오 ! 너로구나? 이 수레에 타거라."

진왕은 자신의 수레에 동료였던 머슴을 태웠다.

궁궐을 돌아본 머슴은 눈을 휘둥그레 떴다.

"이거 진짜 엄청나구먼? 섭이 너 정말 출세했구나! 이집은 대체 어디까지 뻗쳐 있는거야?" 머슴은 궁궐을 큰 집으로 생각하고 그저 입만 벌리고 있었다. 이처럼 동료였던 머슴은 그냥 진왕을 옛날 친구로만 대하였다. 그뒤부터 궁중 출입을 마음대로 하며 방자한 행동을 멋대로 하고 또 아무나 붙들고 진왕이 자신과 함께 머슴살이 하던 시절의 이야기를 마구 지껄여댔다

"그 시골 사람은 정말 곤란합니다. 그자가 안하무인으로 막 떠벌리고 다니는 것은 왕의 위엄을 손상시킬 뿐입니다."

어떤 사람이 진왕에게 이렇게 진언하였다.

진왕은 결국 동료였던 머슴을 붙잡아다 처형하도록 하였다. 그뒤부터 진왕의 옛 친구들은 자취도 없이 사라졌다. 진왕은 외로움을 느끼기 시작하면서 점차 오만해지기 시작하였다. 장수가 적지를 평정하고 돌아와도 진왕의 명령대로 평정하지 않으면 죄인이라하여 포박하도록 하였다. 그 때문에 장수들도 진왕을 가까이하지 않았다.

장수들이 따라주지 않기 때문에 진왕은 진나라 장군 장한의 군대에 대패하여 쫓기는 몸이 되었다. 이렇게 되자 그의 마부인 장가에게 살해당했다. 진왕을 죽인 장가는 진나라에 항복하였다. 결국 진승은 초나라

를 세우고 왕이되어 즉위 6개월 만에 피살되었다. 그러나 한나라 고조가 된 유방은 진승이 진나라에 최초로 반기를 들고 일어선 것을 크게 생각하였다. 진승이 군사를 일으킨 이후 여기저기서 제후들이 진나라에 대항하여 군사를 모아 싸웠으며 유방 역시 그러한 제후들 중의 한사람이었던 것이다

유방은 진나라를 토벌하고 제후들의 패장인 항우를 물리친후 새롭게 천하를 통일하였다. 그리고 유방은 한나라 고조가 된 뒤 진승을 위하여 묘를 크게 만들고 제물을 바쳐 제사를 지냈다.

은혜와 용서

* * * *

범저 (范雎 기원전? - 기원전 255년)는 위나라 사람.

집안이 가난하여 젊었을 때 많은 고생을 하였고 위나라 중대부 수가를 섬
겼다가 첩자로 오해받아 죽을 고비를 넘겼다. 역경를 딛고 일어나 겨우 진나라
의 재상이 되어 부귀를 누리다가 왜서 재상의 자리를 물리고 은둔하였을가?

범저는 학문이 높았으나 집안이 가난하여 높은 관리로 발탁되지 못했
다.

범저는 위나라 중대부 수가를 섬겼는데 위소왕의 사신으로 수가가 제
나라에 가자 범저도 수행했다. 수가는 제나라에 여러 달 머물렀으나 제
양왕으로부터 만족한 답변을 얻지 못했다.

이때 범저가 도도한 연설로 제양왕을 설득했다. 제양왕은 범저의 언변
에 감탄하여 그에게 황금과 돼지고기와 술을 하사했다. 범저는 황금은
사양하고 술과 고기만 받았다.

'저놈이 나의 가신이면서 오히려 상을 받으니 용서할 수가 없다.' 고 마
음먹은 수가는 제양왕이 사신인 자신을 무시하고 범저에게 상를 내리자

아무 말도 하지 않고 위나라로 돌아와 재상 위제에게 범저가 제나라의 첩자라고 했다. 위제는 범저를 잡아다가 제나라와 내통을 했다면서 채찍질을 하고 갈비뼈를 부러트렸다.

범저가 죽은 척하자 위제는 사람을 시켜 측간에 버리게 하고 그 집의 빈객들을 시켜 범저의 몸에 소변을 보게 하여 모욕을 주었다. 빈객들은 술에 취해 웃고 떠들며 범저의 몸에 소변을 보았다. '내 반드시 이 치욕을 갚으리라' 이렇게 범저는 피눈물을 흘리면서 이를 물고 속으로 맹세했다.

"당신이 나를 살려주면 나는 황금으로 사례를 하겠소."

밤이 되자 범저는 자신이 죽을 때를 기다리는 감시인에게 말했다. 감시인이 범저로부터 황금을 받기로 약속을 하고 위제에게 가서 범저가 죽었다고 보고했다. 술에 취한 위제는 범저를 갖다 버리라고 말했다. 감시인은 범저를 정안평에게 보내고 다른 시체를 벌판에 버렸다.

"당신은 속히 관을 준비하여 나의 장례를 치르는 것처럼 하시오."

위제는 의심이 많아서 반드시 사람을 보내 살필 것이오." 범저가 부인에게 말했다.

위제는 어느 정도 시간이 지나자 문득 감시인이 범저를 탈출시킨 것이 아닌가, 의심을 하여 다른 하인에게 범저의 집에 가서 장례를 치르는지 살펴보라는 지시를 내렸다. 위제의 하인이 범저 집에 가보니 부인이 상복을 입고 곡을 하면서 관 앞에서 울고 있었다.

"범저의 집에서는 틀림없이 장례를 치르고 있었습니다." 하인이 돌아와 보고를 하자 위제는 그때서야 마음을 놓았다. 범저는 친구인 정안평의 도움을 받아 상처를 치료하고 진나라로 가기위해 변성명을 하고 진소왕

51

의 근신인 왕계를 만났다.

진소왕은 왕계를 통해 현자를 널리 구하고 있었으나 진의 재상인 양후는 권력을 농락하면서 자신의 자리를 지키기 위해 외국에서 오는 현자를 추방하거나 죽여 없앴기 때문에 왕계는 여간 조심을 하지 않으면 안 되었다.

왕계는 범저와 몇 마디 이야기를 나눈 후 그가 범상한 인물이 아니라는 것을 알고 크게 기뻐하였다. 왕계는 범저를 수레에 태우고 진나라로 들어 갔다. 그들이 진나라의 호관에 이를 무렵 한 무리의 마차와 말이 달려오는 것이 보였다.

"저들은 누구요?" 범저가 왕계에게 물었다.

"진의 재상 양후인데 읍을 순시하고 있는 것 같습니다."

왕계의 말에 범저는 미간을 찌푸렸다. 양후라면 진나라 태후의 동생이었다.

"양후는 위인이 편협하여 진나라의 국정을 농단하고 있을 뿐만 아니라 현사들을 좋아하지 않는다고 하오. 내가 세객이라는 것을 알면 반드시 나를 욕보일 것이니 잠시 수레속에 들어가 있겠습니다."

범저는 왕계에게 양해를 구하고 재빨리 수레에 들어가 숨었다

"거기 오는 분은 왕대부가 아니오?"

"그렇습니다. 재상께서는 어디를 가십니까?"

왕계가 긴장한 표정으로 양후에게 공손히 인사를 하고 물었다.

"핫핫핫! 순시를 하는 중이오. 그래 어디를 다녀오시오? '

"관동에 다녀옵니다."

"그래, 관동에는 별일이 없소?"

"없습니다."

"그대는 제후의 나라에서 유세객을 데리고 오지 않았겠지요? 그런 자들은 세 치 혓바닥을 놀려 입신양명만 꿈꾸지. 나라에는 무익한 존재니까 말이요."

"데려 오지 않았습니다."

양후는 왕계의 수레를 건성으로 살핀 뒤에 흙먼지를 일으키며 사라졌다. 범저는 양후가 멀리 사라지는 것을 보고서야 수레에서 나왔다.

"양후는 의심이 많은 사람이라고 들었는데 수레안을 의심하면서도 수색을 하지 않았습니다. 그러니 반드시 다시 와서 수색을 할 것입니다."

범저는 10리 밖에서 만나기로 하고 왕계의 수레에서 내렸다.

왕계가 범저를 내려놓고 얼마 가지 않을 때 과연 양후의 군사들이 달려와 수레를 샅샅이 수색했다. '범저는 과연 뛰어난 인재다. 양후가 사람을 보내 조사할 것을 미리 알다니.....'

왕계는 크게 감탄하였다. 왕계는 양후의 군사들이 돌아가자 범저를 다시 수레에 태워 함양으로 돌아왔다. 왕계는 범저를 진소왕에게 추천했으나 진소왕은 객사에 머물게 하면서 범저를 발탁하지 않았다.

양후는 진의 장군이 되어 한나라와 위나라를 지나 제나라 강수를 치려고 했다. 그러자 범저가 장문의 글을 올려 이를 비판했다. 진소왕이 비로소 범저가 큰 인물이라는 것을 알고 그를 대궐로 불렀다. 이무렵 진소왕은 양후의 누이인 태후로부터 일일이 지시를 받아 정사를 처리하고 있었다. 범저는 그러한 사실을 잘 알고 있었기에 환관이 진소왕께서 나오신다고 하자 일부러 큰 소리를 질렀다.

"진나라에 무슨 왕이 있는가? 진나라에는 태후와 양후밖에 없지 않가?"

범저가 큰 소리를 지르자 환관의 얼굴이 사색이 되었다.

"무엄하오." 환관이 소리를 질렀다.

"내가 듣기에 이 나라의 정사를 다스리는 것은 왕이 아니라 태후와 양후라고 들었소."

진소왕은 범저의 이야기를 듣고 있다가 깨달은 바가 있어서 그를 상석에 앉히고 절을 올렸다. "과인은 진작에 선생을 뵙고 가르침을 받아야 했습니다. 허나 아침 저녁으로 태후의 지시를 받아서 국사를 처리하다 보니 이렇게 되었습니다. 이제 선생님을 뵙게 되었으니 주객의 예로 가르침을 받기로 합시다."

진소왕이 말했으나 범저는 사양했다.

"선생께서는 과인에게 무엇을 가르치려고 진나라에 오셨습니까?"

"가르칠 것이 없습니다."

"선생께서는 불민한 저를 가르치시지 않을 작정이십니까?"

"저는 학문이 짧습니다."

"선생께서는 끝내 과인을 가르치시지 않을 작정이십니까?"

진소왕은 세 번이나 절을 하고 물었다. 범저는 그때서야 비로소 정색을 하고 천하의 정세를 진소왕에게 설파하기 시작했다. 그의 언변은 청산유수와 같았고 정세를 보는 눈은 진소왕의 가슴을 시원하게 해줄 정도로 정확했다. 범저는 진소왕의 총애를 받아 대부가 되고 진소왕에게 진나라의 팽창정책을 건의 했다.

진소왕은 양후를 축출하고 태후를 정사에 간섭하지 못하게 했다. 진나라는 이후 해마다 전쟁을 벌이고 6국의 영토를 강제로 할양받거나 전쟁을 하여 빼앗아 국토가 중원의 절반을 차지하게 되었다. 이로부터 범저는 재상이 되어 응후라고 불렀다.

범저는 진나라의 재상이 되자 위나라에 있을 때 자신을 채찍질했던 위제와 수가에게 복수를 했다. 수가는 진나라에 사신으로 왔다가 진의 재상 응후를 만나려고 했으나 좀처럼 만날 수가 없었다. 진의 재상 응후가 바쁘다고 핑계를 댔기 때문에 여관에서 소일하면서 하회를 기다렸다. 범저는 위나라에서 수가가 사신으로 왔다는 말을 듣고 거지꼴로 변장을 하고 그를 찾아갔다. "아니, 자네는 범저가 아닌가, 위제 재상 댁에서 죽은 것으로 알고 있는데 살아 있었구먼 그래." 수가는 거지꼴의 범저를 만나자 반색을 했다.

"수가 어르신이 아니십니까? 하늘이 도와 살아서 진나라에 와 있습니다."

"참으로 다행한 일이네. 나는 자네가 재상에게 그렇게 험한 꼴을 당할 줄은 몰랐네. 아무튼 살아 있으니 다행이네. 그런데 행색을 보니 고생이 많은 것 같군."

"그렇습니다. 고향을 떠나 타향에서 살다가 보니까 장사에 실패하여 이렇게 되었습니다."

범저가 초라한 모습으로 말했다. 수가는 혀를 차면서 범저를 동정한 뒤에 그에게 털옷을 주고 약간의 은자까지 주었다. 며칠 후, 수가는 진나라 재상이 면담을 허락하자 조심스럽게 재상의 관저로 들어갔다. 재상의 대청에 근엄한 모습으로 앉아있는 사람은 뜻밖에 범저였다. 수가는 옛날의 범저가 진나라 재상이 되어 있는 것을 알고 무릎을 꿇고 사죄했다.

"네놈의 죄가 얼마나 된다고 생각하느냐?"

범저는 수가를 노려보면서 꾸짖었다.

"소인의 죄는 머리카락을 모두 뽑아도 모자랄 것입니다."

"네놈이 죄는 세가지 뿐이다. 첫째는 내가 제나라의 첩자가 아닌데도 첩자라고 한 것이고, 둘째는 위제가 나에게 모욕을 주기 위해 측간에 버렸을때 이를 만류하지 않은 것이고 셋째는 위제의 빈객들이 나에게 소변을 볼 때도 너는 보고만 있었던 것이다. 그러나 네가 옛날의 잘못을 뉘우치고 진심으로 사죄를 하니 용서한다."

범저는 수가를 용서했으나 위제는 용서할 수 없었다. 범저는 위나라에 압력을 넣어 위제를 묶어서 진나라에 보내라고 요구했다. 위나라는 진나라가 두려웠으나 재상인 위제를 차마 진나라로 보낼 수가 없었다. 위제는 범저의 독수를 피해 여러나라로 도망을 다니다가 죽었다.

진나라 맹장 백기를 죽게 만든 것도 범저였다. 범저는 진나라의 최고의 맹장 백기가 조나라 한단을 포위하고 맹렬하게 공격을 하고 있을 때, 세객 소대에게 속아서 그의 지위가 자신보다 높아질 것을 우려하고 군사를 철군하게 했고 이에 반발했던 백기는 끝내 진소왕의 노여움을 사서 죽음에 이르게 되는 것이다.

범저는 진소왕의 총애를 받으면서 부귀영화를 누리었다. 하루는 범저가 대궐에 들어가 신병이 있다고 사직을 청했다. 진소왕이 놀라서 사직을 만류했으나 범저는 끝내 재상의 자리를 내놓았다. 범저는 많은 역경을 딛고 일어나 진나라의 재상이 되어 오랫동안 진나라를 다스렸고 적당한 시기에 은퇴하여 여생을 부귀영화하였다.

지조로 군자의 도를 지키다

인상여(藺相如 생졸 불명)는 전국시대 조나라 사람.

집안이 가난하여 목현에게 의탁하여 보잘것 없는 일개 하인에 지나지 않았다. 그러나 호랑이 처럼 사납고 승냥이 처럼 교활한 진나라 왕게게 굽히지 않고 자신만의 지조로 군자의 도리를 지켜왔기 때문에 후세에서 가장 존경 받는 인물로 되었다.

전국시기 한때 조나라는 강대했으나 진나라의 욱일승천하는 기세에 밀려 위기감을 느끼고 있었다. 이때 진소왕이 조나라에 사신을 보내 화벽(和璧 : 초나라에서 생산된 구슬로 그 진가가 천하에 둘도 없는 보물)과 진나라의 15개 읍을 바꾸자고 요구했다.

15개 읍도 광대한 영토이기 때문에 진실로 바꾼다면 크게 손해 보는 일이 아니었다. 그러나 조나라는 진나라의 요구를 들어 주자니 화벽만 빼앗기고 읍을 받지 못할 것을 우려하여 전전긍긍하였다. 만약 진나라에 사신으로 가면 죽임을 당할것이 분명했기 때문에 어떤 대부도 선뜻 사신으로 가겠다고 지원을 하여 나서지 않았다. 며칠동안 사신을 구하지 못해 전전긍긍하는 조혜문왕에게 대부 목현이 아뢰었다.

"인상여라는 자가 사신으로 갈 만합니다."

"인상여라는 사람은 들어보지 못한 사람인데 누구인가?"

"저의 가신으로 있는 자입니다."

"중차대한 임무를 띠고 가야 하는 사신에 어찌 일개 미천한 가신을 보내다는 말인가?"

조혜문왕이 노기를 띠고 말했다.

"인상여라면 능히 그럴만한 능력이 있습니다. 신이 일전에 장사꾼에게 화씨 벽을 샀으나 대왕께서 그것을 달라고 했는데도 욕심이 나서 바치지 않았습니다. 대왕께서는 나라의 보물이 될 만한 벽화를 대부가 갖고 있는 것보다 나라에서 갖고 있는것이 낫겠다고 하여 신에게 군사를 보내 가져갔습니다. 신은 이때 대왕의 노여움을 사서 죽음을 당할까 두려워 연나라로 망명을 하려고 했습니다. 그때 인상여가 만류하면서 '주인께서 어찌하여 연나라로 가려합니까?' 하고 묻기에 신은 '내가 일찍이 국경에서 연왕을 만난일이 있는데 그때 연왕이 내 손을 잡고 연나라에 오면 빈객으로 대우하겠다고 말한 적이 있다.'라고 대답하자 인상여는 웃으면서 말하기를 '조나라는 크고 연나라는 작은 나라입니다. 연왕이 주인에게 연나라로 오라고 한 것은 주인께서 대왕의 총애를 받고 있기 때문입니다. 이제 대왕께 죄를 지어 연나라로 망명을 하면 연이 조를 두려워하여 주인을 체포하여 조나라로 돌려보낼 것입니다. 지금 제일 좋은 방법은 웃통을 벗고 대왕께 가서 사죄를 하는 것입니다. 그러면 대왕이 용서를 해주실 것입니다.' 라고 했습니다. 신은 인상여의 말을 옳게 여겨 대왕께 사죄를 했더니 과연 대왕께서는 신의 죄를 용서해 주셨습니다."

목현의 말을 들은 조혜문왕은 그런 일이 있었기 때문에 인상여를 불러오라고 지시했다. 인상여가 어전에 나오자 키는 오 척밖에 되지 않고 용모는 추하여 볼품이 없었다

"진왕이 15개 성과 과인이 갖고 있는 화벽을 교환하자고 사신을 보내왔다. 화벽을 주어야 하는가 말아야 하는가?"

조혜문왕이 인상여에게 묻자 인상여는 공손히 대답했다.

"진나라는 조나라보다 강해서 주지 않을 수 없습니다."

"진나라가 화벽만 취하고 성시를 주지 않으면 우리만 손해를 보는 것이 아닌가?"

"진나라에 응하지 않으면 잘못이 우리에게 있고 화벽을 주었는데도 성을 주지 않으면 잘못이 진나라에 있습니다. 잘못을 진나라에 씌울 수 있는 방법이므로 일단 화벽을 보내는 것이 좋습니다."

"누가 사신으로 가는 것이 좋겠는가?"

"대왕께서 사신으로 보낼 만한 인물이 마땅치 않으면 신을 보내 주십시오. 진나라가 15개 성을 우리에게 주면 화벽을 주고 올것이고 15개 성을 주지 않으면 화벽을 가지고 되돌아올 것입니다."

조혜문왕은 인상여를 대부에 임명하고 화벽을 주어 진나라에 사신으로 보냈다.

진소왕은 인상여를 맞이하여 화벽을 보여달라고 요구했다.

인상여가 절을 하고 화벽을 내어 주자 진소왕이 기뻐하면서 화벽을 자세히 살핀 뒤에 대부들에게 보여주고 총애하는 후궁들에게도 보여주었다. 그러나 15개 성을 줄 생각은 전혀 없는 듯 언급하지도 않고 진나라 대부들은 자신들의 물건인양 만세까지 불렀다.

인상여는 그들이 15개 성을 내어 줄 의도가 없는 것을 간파하고 한가지 계책을 생각해 냈다. "이 귀중한 화벽에는 사람들이 모르는 티가 있는데 신이 대왕께 알려 드리겠습니다. 잠시 제게 화벽을 보여주십시오."

진소왕이 화벽을 인상여에게 내어 주었다. 인상여는 화벽이 수중에 들어오자마자 기둥으로 달려가 큰 소리로 외쳤다.

"지금 신이 보아하니 진왕은 15개 성을 조나라에 줄 생각이 전혀 없으신 듯합니다. 신은 조나라를 떠나 올 때 성을 주면 화벽을 진나라에 주고 올 것이고 성을 주지 않으면 반드시 화벽을 가지고 돌아오겠다.'고 맹세했습니다. 대왕께서 신을 죽이려고 하신다면 신은 이 구슬을 바닥에 던져 깨뜨린 뒤에 기둥에 머리를 부딪쳐 죽을 것입니다."

이에 진소왕은 대경실색하여 사과하고 지도를 펴놓고 어디서부터 어디까지 조나라에 떼어 주겠다고 거짓 약속을 했다. 인상여는 욕심이 많은 진소왕이 여전히 성을 주지 않을 것이 분명하다고 생각하자 다시 계책을 생각해 냈다.

"이 구슬은 모두 다 아시다시피 천하의 귀중한 보물입니다."

우리 조나라 대왕께서는 5일 동안 목욕재계하신 뒤에 신에게 구슬을 맡겼습니다. 대왕께서도 구슬을 취하려면 반드시 5일 동안 목욕재계하고 하늘에 제사를 지낸 뒤에야 구슬을 받을 수 있습니다."

진소왕은 혹시라도 인상여가 구슬을 깨뜨릴까봐 겁이 나서 그렇게 하겠다고 약속하고 인상여를 객관에 머물게 했다.

인상여는 아무래도 화벽을 진소왕에게 빼앗길까봐 우려하여 하인을 시켜 화벽을 가지고 비밀리에 조나라로 돌아가게 했다. 진소왕은 목욕도 하지 않고 약속한 5일이 되자 인상여를 불러서 화벽을 넘겨 달라고 말했다.

"진나라는 목공 이후 지금까지 20여 분의 임금이 있었으나 한분도 천하의 재후들과 약속을 지킨 일이 없습니다. 이는 천하가 다 아는 사실입니다. 저는 조나라의 보물인 화벽을 빼앗길까 두려워 하인을 시켜 조나라로 돌려 보냈습니다. 만약 진나라가 15개 성을 조나라에 주었는데도 조나라가 화벽을 주지 않는다면 제후들의 비난은 물론 강한 진나라의 공격을 받을 것이 뻔합니다. 만약 15개성을 주신다면 반드시 화벽을 바칠 것입니다. 대왕께서 신을 가마솥에 넣고 삶아 죽이십시오."

인상여의 큰 소리에 진소왕은 대노하여 부들부들 떨었다.

시위들은 인상여를 죽이려고 칼을 뽑아 드는 자가 있었다.

"진정한 책략은 용기라고 하더니 인상여야말로 전략가다!"

대부들이 일제히 인상여를 죽일 것을 아뢰었다.

"인상여를 죽인다고 해서 화벽을 얻을 수 있는 것이 아니다. 화벽은 이미 조나라로 돌아갔으니 인상여를 죽인들 무슨 소용이 있는가? 공연히 인상여를 죽여서 천하의 웃음거리가 될 필요가 없다."

진소왕은 오히려 인상여를 후대한 뒤에 조나라로 돌려보냈다. 조혜문왕은 인상여가 사신의 임무를 훌륭하게 완수하고 돌아오자 상대부에 임명하였다.

진소왕은 군사를 일으켜 조를 공격하여 석성을 빼앗고 조나라 군사 2만을 베어 죽인뒤 조혜문왕과 서하의 면지에서 강화회담을 하자고 요구하였다. 그러자 조혜문왕은 진나라가 두려워 강화회담에 가지 않으려 했다.

"대왕께서 면지에 가지 않으시면 천하의 제후들이 조나라는 약하고 비겁하다고 비웃을 겁니다." 인상여와 염파는 조혜문왕에게 면지에 가서 회담에 임할것을 주장했다. 조혜문왕이 마지 못해 면지에 가기로 결정했다. 인상여가 조혜문왕을 수행하고 염파는 군사를 이끌고 국경까지 배웅했다. 진소왕은 조혜문왕이 오자 주연을 베풀고 환영하면서 흥이 도도해지자 조혜문왕에게 말했다.

"과인이 들으니 조왕은 금을 잘 탄다고 하는데 한 곡 타서 이 자리의 흥을 돋우는 것이 어떻겠습니까?" 조혜문왕이 진소왕의 청을 받고 쾌히 응낙한 뒤에 금을 연주했다.

진나라 기록관이 "모월모일 진왕이 조왕과 면지에서 회합을 가졌는데 진왕이 조왕에게 금을 타게 했다."고 기록을 하자 인상여가 그것을 보고 불쾌하여 진소왕에게 아뢰었다.

"조왕께서는 금을 연주하였으니 진왕께서는 분부(질그릇악기)를 연주하여 서로 즐기시기 바랍니다."

인상여가 여러번 청했지만 진왕은 부를 치려고 하지 않았다.

"신과 대왕의 사이는 불과 다섯 걸음밖에 떨어져 있지 않습니다. 신의 목의 찌른 피로 대왕을 적실 수가 있다는 사실을 유념해 주십시오."

인상여가 자신의 목을 찔러 진왕의 옷을 피로 적시겠다고 한 것은 그를 칼로 찌를 수도 있다는 위협이었다. 진나라 시위들이 일제히 달려들려고 했으나 인상여가 눈을 부릅뜨고 쏘아보자 뒤로 물러섰다. 진소왕은 하는 수 없이 분부를 연주하였다.

"모월모일 진왕이 조왕을 위하여 부를 연주하다 라고 기록하라."

인상여가 조나라 기록관에게 지시했다. 진나라 대부들은 조혜문왕을 골탕 먹이려다가 자신의 왕을 골탕 먹이는 꼴이 되고 말았다.

"조나라는 15개 성을 진나라에 바쳐 진왕의 장수를 축복해 주십시오."

진나라 대부들이 궁리 끝에 조혜문왕에게 말했다. 조왕은 진나라 대부들의 위협을 받자 어찌할 줄을 모르고 쩔쩔맸다.

"진나라 왕은 함양을 조나라 왕에게 바쳐 조혜문왕의 만수를 축복해 주십시오."

인상여가 말했다. 진소왕은 대노하여 조혜문왕을 함양으로 끌고 가려고 했으나 이미 염파 장군이 군사 30만을 이끌고 집결해 있다는 보고를 받고 포기하고 말았다. 진소왕은 할 수 없이 조혜문왕과 주연을 즐긴 뒤에 헤어졌다. 조혜문왕은 호랑이 굴에 들어갔다가 살아 나오자 인상여를 포상하여 재상에 임명하였다.

"나는 조나라 장군이 되어 수많은 전투를 치러 많은 공을 세웠다. 그런데 인상여는 겨우 혀끝을 몇 번 놀려서 재상이 되었으니 나는 창피하여 그의 밑에서 일을 할 수가 없다."

맹장 염파는 인상여가 재상에 임명되자 불만을 토로했다.

"내가 인상여를 만나면 반드시 수모를 주겠다."

염파는 많은 대부들 앞에서 공언을 했다. 인상여는 염파와 마주치지 않기 위해 일부러 골목만으로만 다녔다. 사람들은 그러한 인상여를 더욱 비웃었다

어느날, 인상여가 외출을 하는데 멀리서 염파가 오는 것이 보이자 마부를 재촉하며 골목으로 피했다.

"저희들이 고향을 떠나서 재상을 섬기는 것은 재상이 훌륭하고 용기 있는 분이라고 생각하고 있기 때문입니다. 그런데 염파를 만나기만 하면 도망를 치기에 급급하니 저희는 무슨 영문인지를 모르겠습니다. 이러한

것은 보통 사람도 부끄러워 하는 일인데 하물며 재상의 지위에 있는 나리께서 염파를 두려워 피하시니 저희들이 창피해서 더 이상 재상을 모실 수가 없습니다."

인상여 하인들이 모두 그렇게 말하자 인상여는 하인들을 물끄러미 내려다보다가 웃으며 입을 열었다. "너희들은 염파장군과 진나라 왕을 놓고 볼때 누가 더 무서운가?"

"그야 진나라 왕이 더 무섭습니다."

"나 역시 그렇다. 그런데도 나는 천하를 오시하는 진나라 왕을 꾸짖고 그의 신하들을 농락했다. 그런데 내가 진나라 왕보다 무섭지 않은 염파 장군을 두려워 하겠는가? 염파 장군은 성질이 급하지만 우리 조나라의 맹장이다. 진나라가 우리 조나라를 공격하지 못하는 것은 나와 염파 장군이 있기 때문이다. 우리가 싸우면 이득은 누구에게 있겠느냐? 내가 염파를 피하는 것은 국가를 먼저 생각하기 때문이다."

인상여의 말을 들은 하인들은 크게 감동했다.

염파 장군은 하인들을 통해서 인상여의 말을 전해 듣고 스스로 웃통을 벗고 회초리를 들고 인상여를 찾아가 사죄하였다.

"내가 우둔하여 대인의 높은 뜻을 몰랐습니다. 매로써 다스려 주십시오!"

인상여는 친히 문 앞에 나와서 염파를 안아 일으켰다.

인상여와 염파는 그날 이후, 깊은 우정을 나누어 이들의 우정은 목을 잘라도 변하지 않는다는 문경지교(刎頸之交)로 불리게 되었다.

소진의 위력

소진 (蘇秦 기원전? - 기원전 284년)전국시기 동주의 낙양사람. 귀곡자에게 오랫동안 학문을 배우고 출세를 하기 위해 전전했으나 뜻을 이루지 못하고 거지꼴로 되어 고향집으로 돌아왔다. 그후, 소진은 어떻게 하여 6국의 재상까지 되었는가?

소진이 남루한 모습으로 고향집으로 돌아오자 많은 사람들이 그를 비웃었다. 그의 형과 형수까지도 거지꼴로 돌아온 소진을 보고 비웃으며 심지어 밥도 차려주지 않았다.

"시동생은 학문을 했으면서도 벼슬에 오르지도 못하고 있으니 어찌된 일이예요?"

소진의 형수가 소진을 보고 혀를 차고 물었다.

"제가 배운 것을 유세학입니다. 천하가 어지러우니 반드시 유세학이 크게 쓰일 날이 있을 겁니다."

"주나라 사람들은 대부분 농사를 짓거나 나머지는 장사를 하고 있어요. 무엇을 해서든지 돈을 벌고 있는데 시동생은 학문만 하고 돈을 벌지 않으니 괴이한 일이 아닌가요? 유세학이라는 것은 입이나 혀를 놀려서 출세를 하려는 것인데 누가 그런 수작에 넘어가겠어요? 그건 사기나 다를 바 없잖아요?"

소진은 형수가 비난하는 말을 듣고 다락에 올라가 슬프게 울었다. 그때 아내가 식은 밥을 한술 차려가지고 다락으로 올라와 남편을 위로했다.

"유세학을 하여 출세를 할 수 없으면 일이라도 해야 하지 않습니까? 무엇을 그렇게 슬퍼하세요?" "유세학을 가볍게 보지 마세요."

소진은 가족들의 비난을 받으면서도 더욱 열심히 유세학을 공부했다. 그는 강태공의 병법서인 《음부경》을 통달한 뒤에 다락에서 내려왔다.

"이것만 가지면 군주들을 설득하여 출세할 수 있소."

소진은 아내에게 노잣돈을 얻어서 주현왕을 찾아 갔다. 그러나 주현왕의 측근들은 소진이 낙양의 가난뱅이라는 것을 잘 알고 있었기 때문에 소진을 홀대했다.

그리하여 소진은 진나라로 가 진혜왕을 만나 설득했다. 그러나 진혜왕은 소진을 받아 들이지 않았다. 소진은 실망하여 진나라를 떠나 조나라로 갔다. 소진은 조숙후를 알현하려고 했으나 재상이 소진을 질투하여 알현을 방해했다. 소진은 다시 연나라로 갔다.

그러나 연나라에서도 임금을 만날 수가 없었다. 소진은 연나라에서 1년 동안이나 머물러 있었으나 임금을 만나지 못한 채 노자만 낭비하여 거지 신세로 전락했다.

"이러다가는 연문후를 만나지 못한 채 굶어죽기 알맞겠구나."

소진은 탄식을 하고 비상한 대책을 세우기로 했다. 하루는 연문후가

사냥을 나가는데 소진은 수레의 앞을 막고 알현을 청했다. 행군이 멈춰
지고 사람들이 왁자하게 몰려들자 연문후가 무슨일인지 알아 보라는 지
시를 내리고 그를 수레 앞으로 불러오게 했다. 소진이 군사들에게 에워
싸여 연문후 앞으로 끌려왔다. 연문후가 소진을 살피자 옷차림은 남루하
고 행색은 꾀죄죄했다.

"그대는 무슨 일로 수레를 막았는가?"

"저는 동주 낙양에서 온 문사 소진이라 합니다. 감히 대왕께 청을 드릴
일이 있습니다."

소진이 정중하게 인사를 올렸다.

"오오, 그대가 진혜왕에게 10만자에 달하는 방대한 책략을 저술하여
아뢨다는 그 소진이오?" 연후는 깜짝 놀라서 수레에서 내려 소진의 손
을 잡았다.

"그러하옵니다."

"오래전부터 내가 선생을 만나고자 하였는데 이제야 뵙게 되었구려."

연문후는 소진을 데리고 대궐로 들어가 상석에 앉히고 빈객의 예로
대우했다.

소진은 연문후를 만나자 특유의 장광설을 청산유수로 늘어놓았다.

이때 진나라는 강대한 군사력을 바탕으로 전국칠웅에게 영토를 할양
하라는 요구를 하여 여저 제후들이 전전긍긍하고 있었다. 연나라도 진
나라가 영토를 떼어 달라고 협박을 하여 벌써 몇 개의 성 (城)을 내 준
상태였다.

"그대의 연설은 참으로 훌륭하오. 허나 우리 나라는 소국이고 조나라
는 강대국이오. 남쪽의 제나라 역시 우리가 상대하기 어려운 큰 나라요.

제나라와 조나라가 그대의 말대로 우리와 합종을 한다면 얼마나 다행한 일이겠는가?"

연문후가 무릎을 치면서 감탄했다.

"그 일을 저에게 맡겨 주신다면 반드시 성사시키겠습니다. 이 일을 성사시키는 것을 외교라고 하는데 다른 말로는 설략(說略)이라고 부릅니다."

"그렇다면 나는 나라를 들어 그대에게 바치겠다. 반드시 합종을 이루도록 하라."

연문후는 소진을 연나라의 대부로 임명하고 거마와 많은 금백을 주고 조나라에 사신으로 보냈다. 소진이 조나라에 이르러 조숙후를 알현하고 전국칠웅의 정세를 손바닥을 들여다보는 것처럼 조숙후에게 설명했다. 조숙후가 무릎을 치며 크게 기뻐했다.

"과인은 나이가 어리고 왕위에 오른지 얼마 되지 않아 지금까지 이토록 훌륭한 국가의 백년대계를 들어본 일이 없소. 지금 선생이 천하를 평안하게 하고 제후들의 근심을 들어줄 계책을 말하니 물고기가 물을 만나 듯이 기쁘오."

조숙후는 소진에게 마차 1백대. 황금 1백일, 백벽 1백쌍, 비단 1백 필을 주어 제후들을 설유하도록 했다. 소진은 제후들의 행차보다 더 화려하게 하고 6국을 순행하기 시작했다.

소진은 한나라로 들어가 한선혜왕을 설득했다. 소진의 도도한 언변에 설복을 당한 한선혜왕은 분연히 일어서서 주먹을 휘둘렀다

"과인이 아무리 어리석다고 해도 진나라를 섬기지는 않겠소. 허나 진을 상대로 한나라가 싸우기는 어렵지 않소?"

"그래서 진을 제외한 6국이 합종을 하면 진의 위협에서 벗어날 수 있을 뿐 아니라 진을 공격하여 그 땅을 빼앗을 수도 있습니다. 조숙후께서 합종을 제안하셨습니다."

"선생이 조숙후의 가르침을 전해주니 내 어찌 따르지 않겠소?"

한나라의 선혜왕도 소진의 유세에 넘어가 합종을 약속했다.

소진은 위나라로 들어가 위양왕을 알현하고 설득하기 시작했다.

소진의 유세을 들은 위양왕은 크게 감탄했다.

"과인은 어리석어서 아직까지 이와 같이 훌륭한 계책을 듣지 못했노라. 나는 기꺼이 6국의 합종에 찬성하겠소"

소진은 위양왕을 설득한 뒤에 많은 선물을 받아가지고 제나라로 갔다. 제나라는 이때 제선왕이 다스리고 있었다.

"6국이 합종을 한다면 제나라는 충분히 맹주의 역할을 할 수 있을 것이며 전쟁을 하지 않아도 나라를 부강하게 하는 실리를 얻을 수 있습니다."라고 소진은 설득을 했다.

"과인의 나라는 동쪽 변방에 위치에 있고 내가 민첩하지 못하여 일찍이 이와 같은 고견을 들은 일이 없소. 나는 반드시 선생의 고견을 따라 합종을 이루겠소"

제선왕은 합종에 찬성하고 소진에게 많은 선물을 하사한 뒤에 군사들에게 호위하게 하여 초나라에 가게 했다. 소진의 유세는 초나라 초위왕도 쾌히 합종책에 찬성했다.

소진은 6국(연, 조, 한, 위, 제. 초)을 모두 설득하여 합종책을 성사시키고 맹약을 하게 했다. 6국의 제후와 공족들이 참석하여 맹약을 한 뒤에 소진을 6국의 재상으로 뽑았다.

주현왕은 소진이 6국의 재상이 되어 주나라를 지나간다고 하자 신하들을 시켜 청소를 깨끗하게 하고 사자를 보내 여정을 위로했다. 소진의 가족들도 모두 거리로 몰려나와 소진의 행차가 지나갈 때 무릎을 꿇고 절을 했다. 소진이 식사할 때는 감히 고개를 들지 못하고 시중만을 들었다.

"형수는 전에 그렇게 나를 핍박하더니 오늘은 어찌 이렇게 정성을 다해 시중을 드는 것이오?"

소진이 형수에게 물었다. 소진의 형수는 땅에 엎드려 사죄했다.

"시동생이 벼슬에 없었을 때는 가난하고 보잘것 없었으나 이제는 높은 벼슬에 있고 부귀하니 감히 교만할 수가 없기 때문입니다."

소진은 장탄식을 했다.

"나는 그때나 지금이나 똑같은 소진인데 부귀하면 일가친척도 두려워하고 빈천하면 일가친척도 업신여기니 세상인심이 어찌 이와 같은가?"

소진은 황금 1천 금을 가족들과 일가친척들에게 나누어 주었다.

신세를 진 사람들에게도 많은 사례를 하였다.

진나라는 천하를 통일하기 위해 여러나라를 병탄하려다가 소진의 합종책에 말려들어 15년 동안이나 전쟁을 일으키지 못했다.

* * * *

세치 혀로 출세한 장의

장의(張儀? - 기원전310년)는 위나라 대량(오늘의 하남 개봉) 사람.
일찍 귀곡자에게서 소진과 함께 유세학을 배웠지만 출세를 못하고 오랫동안 유랑하다가 마지못해 초나라 재상의 식객이 된다. 그런데 불행하게도 가난이 죄가 되어 옥을 훔쳤다는 죄명을 덮어쓰고 뭇매를 맞아 온몸이 갈기갈기 찢어진체 길바닥에 버려진 신세가 되었다.

　장의는 일찍 소진과 함께 귀곡자에게 유세학을 배웠지만 오랫동안 제후들에게 발탁되지 못하고 천하를 유랑하다가 초나라에 이르러 재상의 식객이 되었다.

　어느날, 재상은 많은 식객을 거느리고 연못에서 연회를 즐겼는데 식객들이 한결같이 재상에게 귀한 옥이 있다하니 구경을 시켜 달라고 청했다. 재상이 마지못해 하인에게 명을 내려 옥을 가져오라고하여 식객들에게 보여주었다.

　"참으로 귀한 보물입니다."

　"고금에 이런 귀한 옥은 없을 겁니다."

71

식객들이 다투어 칭찬하고 있을 때 돌연 연못에서 거대한 소용돌이가 일어나 식객들이 모두 놀라 웅성거리는데 그 순간 옥이 감쪽같이 사라지고 말았다.

"장의는 가난한 선비이니 반드시 그가 훔쳤을 것입니다."

식객들이 모두 장의의 짓이라고 의심했다. 재상은 하인들에게 장의를 묶어 놓고 매질을 하라고 시켰다. 장의는 수백대의 채찍을 맞아 온몸이 갈기갈기 찢어져 기절했다. 재상은 장의를 길바닥에 버리게 했다. 장의의 아내가 그 소식을 듣고 달려와 장의를 끌어안고 통곡했다.

"당신이 유세학인지 뭔지 부질없는 학문을 하더니 출세도 하지 못하고 이 꼴이 되었구려. 당장 고향으로 돌아갑시다." 라고 장의 아내가 말하였다.

"내 혀를 보시오." 장의가 겨우 부인에게 한마디를 했다.

"혀는 왜 보라는 거예요?"

"혀가 아직도 붙어 있소?"

"혀가 붙어 있으니 말을 하겠죠. 이 지경이 되고도 그놈의 세 치혀를 걱정하는 거예요?"

"그러면 됐소."

장의는 아내의 부축을 받고 돌아와 휴양을 했다. 이시기 소진은 이미 조나라에 출사하여 명성을 떨치고 있었다. 장의는 조나라의 재상이 된 소진을 찾아가기로 하였다.

소진은 동문수학한 장의가 찾아왔는데도 그다지 반가운 기색을 하지 않았다.

점심때가 되어 하인이 점심을 차려오는데 소진은 당위에서 호화로운 음식을 차려서 먹고 장의에게는 당(堂)아래에 간신히 밥 한 그릇을 차려 주고 먹으라고 했다.

"자네가 스스로 재능이 있다고 큰 소리를 치지만 우리 조나라에는 자네정도의 재능을 갖고 있는 사람은 헤아릴 수 없이 많다네. 내가 주공께 말씀을 드려 부귀하게 해줄 수도 있지만 자네를 위해서는 도움이 안되겠지."

소진은 장의를 노골적으로 경멸하면서 돈이 궁할 테니 용돈이나 쓰라며 엽전 몇 푼을 주어서 보내려고 했다. 장의는 분개하여 노잣돈이나마 팽개치고 떠나려고 했으나 고향에서 고생하고 있을 아내를 생각하자 그럴 수도 없었다. 장의가 고뇌에 빠져 있을 때 같은 여관에 머물고 있던 한 장사꾼이 찾아와 진나라로 가는 것이 어떠냐고 물었다

"나도 진나라에 가고 싶지만 여비가 한 푼도 없습니다."

"여비라면 걱정할 것이 없습니다. 저는 마침 장사를 위해서 진나라에 가야 하는데 저와 함께 가시면 됩니다."

"그렇게만 해주신다면 후일 크게 사례하겠습니다."

"핫핫핫! 그렇게 하시지요."

장의는 장사꾼을 따라 진나라에 들어갔다. 장사꾼은 장의를 위해 많은 편의를 봐주고 한편 뇌물을 써서 장의가 진왕에게 등용되도록 해주었다. 장의는 마침내 진나라의 대부가 되었다. "그대가 나를 위하여 이렇게 애를 써주니 내가 성공할 수 있게 되었소. 이 신세를 어떻게 갚아야 할지 모르겠소."

장의는 장사꾼에게 사례를 하려고 했다.

"실은 저같이 어리석은 사람이 어찌 선생처럼 학문이 높은분을 알겠습

73

니까? 선생을 도운 것은 제가 아니라 저의 주인인 조나라 재상인 소진 선생입니다. 소진 선생께서 많은 돈을 들여 선생을 편하게 모시게 하고 진나라에서 벼슬을 할 수 있도록 요로(要路)에 천거를 하셨습니다. 저는 그분 밑에 있는 식객에 지나지 않습니다."

"소진이 어찌 나를 위하여 그런 일을 한다는 말이오?" 장의가 깜짝 놀라 말했다.

"우리 재상께서는 6국을 합종시키려고 하는데 진나라가 조나라를 침략하면 합종이 깨어질까 봐 걱정을 하셨습니다. 그리하여 진나라에 세객으로 들어가 조나라를 침략하는 것을 막아주는 사람을 찾았는데 선생만한 분이 없다고 하셨습니다. 부득이 선생을 격분하게 하여 진나라로 들어가게 한 것이니 벼슬을 한 뒤에 합종이 깨어지지 않도록 해달라고 하셨습니다."

"허허, 내가 소진의 손바닥에서 놀아났구려. 내가 진나라에 처음으로 기용된 것은 모두 소진의 공로인데 어찌 조나라를 공략할 계책을 세우겠소? 소진이 나보다 위인 것이 분명하니 소진이 살아 있는 한 적대하지 않을 것이오."

장의는 장사꾼으로부터 자초지종을 듣고 탄식했다.

"그러면 돌아가서 우리 재상께 안심을 해도 된다고 말씀을 드려도 되겠습니까?"

"물론이오. 소진이 나를 위하여 애를 썼는데 내 어찌 소진의 합종을 깨겠소?"

장의는 소진의 식객과 굳게 약속을 하고 돌려보냈다. 소진이 예측했던 대로 진나라는 조나라를 공격하여 합종을 깨려고 했다. 그러자 장의가 진왕을 만류하여 소진은 진나라의 방해를 받지 않고 합종에 성공할 수 있었다.

장의는 진나라의 권력을 잡은 후, 세력이 약한 6국을 모두 연횡론에 가담하게 하고 진나라로 돌아오려고 했을 때 진혜왕이 죽고 진무왕이 즉위했다.

진무왕은 장의를 좋아하지 않았다. 제후들은 진무왕과 장의가 사이가 나쁘다는 것을 알자 연횡론을 백척하고 합종하기 시작했다. 진나라의 대부들은 장의를 더욱 모함했다. 제나라도 장의가 거짓으로 조나라가 연횡론에 가담했다고 말한 것을 알고는 장의에게 속았다면서 그를 죽이려고 했다.

장의는 대부들의 모함에 견디지 못하고 진나라를 떠나 위나라로 와서 재상이 되었다. 그후, 제나라가 위나라를 공격하려고 하자 장의는 세치 혀로 계략을 써서 초나라 사람을 보내 공격을 막았다. 참으로 뛰어난 계략가라고 하지 않을 수 없다.

* * * *

죽고도 원수를 갚다

오기(吳起 기원전? - 기원전 381년)는 전국시기 좌씨(오늘의 산동성) 사람. 어렸을 때부터 행실이 방탕하고 권력을 지향한 탕아였다. 그는 벼슬을 하기 위해 천금의 재산을 팔아서 천하를 돌아다녔지만 출세를 할 수 없게 되었다. 그는 재산을 탕진한 뒤에 빈털터리가 되어 고향으로 돌아왔다. 고향사람들이 그를 비웃자 한밤중에 자신을 비웃는 사람 30여 명을 죽이고 탈출하였다. 그런 그의 최후의 운명은 어떻게 되었을까?

오기는 위나라 사람으로 어렸을 때는 행실이 방탕하였고 젊어서는 자신의 포부를 펼치기 위해 제후들에게 나아가 벼슬을 하려고 하였다. 그러나 제후들은 그를 천거해 주지 않았다. 그는 벼슬을 하기 위해 천금의 재산을 팔아서 천하를 돌아다녔으나 출세를 할 수가 없었다.

그는 재산을 모두 탕진한 뒤에 빈털터리가 되어 고향으로 돌아왔다.

"오기는 집안을 망친 탕아다."

고향사람들은 오기를 보고 손가락질을 하며 비웃었다. 재산을 탕진한 것도 억울한데 고향사람들이 비웃자 화가 머리끝까지 치솟은 오기는 술을 먹고 고향사람들과 한바탕 싸움을 벌였다. 오기는 피투성이가 되도록 매를 맞았다. 이에 화가난 오기는 한밤중에 자신을 비웃은 사람들의 집집마다 돌아다니며 고향사람 30여 명을 죽인 뒤 동문으로 달아나 몰래 전송나온 어머니에게 자신의 손가락을 깨물며 맹세하였다.

"어머니 제가 재상이 되기 전에는 위나라로 돌아오지 않겠습니다."

노나라로 도망친 오기는 공자의 제자 증자에게 가서 공부를 하였다. 공부를 하는 도중 어머니가 돌아가셨다는 소식이 들렸다. 그러나 위나라로 돌아가지 않았다

"그대는 어머니가 돌아가셨는데 그 소식을 듣고도 달려가 장례를 모시지 않았다. 이런 박정하고 불효막심한 자식이 또 있겠는가?" 효자로 소문난 증자는 오기를 자신의 문하에서 파문시켰다. 제나라 여자와 결혼한 오기는 아내를 데리고 노나라에서 살면서 병법을 배웠다. 학문으로 벼슬길에 오르지 못할 바엔 병법을 배워 장군이 되겠다는 것이 그의 생각이었다. 마침 제나라가 노나라를 공격했을 때의 일이다. 노나라에서는 병법에 능한 오기를 장군으로 삼아 제나라 군대를 무찌르려하였다.

"오기는 안됩니다. 그는 제나라 여자를 아내로 맞아 살고 있기 때문에 믿을 수가 없습니다." 한 신하가 노나라 왕에게 간하였다. 그 소식이 오기의 귀에 들어갔다. 오기는 명성을 얻고 싶은 절호의 기회를 아내 때문에 놓치고 싶지 않았다.

"나를 믿지 못한다면 아내를 죽여서 내가 절대로 제나라를 이롭게 하지 않을 것이라는 사실을 확인시켜 주면 될게 아닌가?"

오기는 아내를 죽였다. 그러나 노나라 왕은 그때서야 안심하고 오기를 장군으로 등용하였다. 장군이 된 오기는 뛰어난 용병술로 제나라 군대

를 크게 무찔렀다. 그러나 그러한 공로도 아내를 죽이고 장군이 되었다는 비난 때문에 빛을 잃었다.

한 신하가 노나라 왕에게 간하였다.

"우리 노나라는 작은 나라입니다. 그런데 이제 우리가 제나라같은 큰 나라를 이겼다고 소문이 났으니 제후들의 공격 목표가 되고 말았습니다. 게다가 노나라와 위나라는 형제국입니다. 그런데 위나라에서 도망쳐 온 오기를 계속 장군의 지위에 앉힌다면 위나라와의 우호관계를 해치게 됩니다. 어찌됐든 오기는 위험한 인물입니다."

노나라 왕도 그 말이 맞다고 생각되어 오기에게서 장군의 지위를 박탈해 버렸다.

그러자 오기는 위나라로 돌아갔다. 위나라의 문후가 현명하다는 소문을 듣고 그를 섬기기 위해 찾아간 것이었다. 문후는 오기의 뛰어난 용병술을 인정하고 그를 곧 장군으로 삼았다. 위나라 장군이 된 오기는 진나라를 쳐서 다섯 개의 성을 함락시키는 전과를 올렸다.

장군 오기는 가장 낮은 시졸들과 동등한 생활을 하였다. 같은 양의 밥을 먹고 같은 질이 옷감으로 짠 옷을 입었으며 잘때도 요를 깔고 자는 법이 없었다. 또한 싸우지 않을 때는 말이나 수레를 타지 않았으며 출전할 때에도 자신의 양식을 몸소 지녀 사졸들의 노고를 덜어주었다. 뿐만 아니라 등창이 난 사졸들의 종기에 입을 대고 고름을 빨아주는 것을 주저하지 않았다. 어느날 오기가 한 사졸의 고름을 빨아준다는 소식을 듣고 그 사졸의 어머니가 통곡을 하였다. 어떤 사람이 이상하게 여겨 물었더니 그 사졸어머니는 이렇게 대답하였다.

"전에도 오기 장군은 저 애 아버지의 고름을 빨아주었소. 그래서 감격

한 나머지 자신의 몸도 돌보지 않고 용맹스럽게 적진에 뛰어들어가 전사하였소. 그런데 이번에는 또 아들의 종기를 빨아주니 필시 아들도 아비처럼 적진에 뛰어 들어 장렬하게 죽으려고 할 것이 아니겠습니까? 그래서 우는 겁니다."

오기는 비록 탐욕스럽고 비인간적인 행위 때문에 많은 비난을 받으면서도 용병술에 있어서만큼은 사졸들을 감동시켜 군대의 사기를 키우는 명장이었다.

문후가 죽고 그의 아들 무후가 즉위하였다. 그때까지도 오기는 훌륭한 전공을 세웠는데도 불구하고 서하 태수로 머물러 있게 하였다. 문후가 재상을 결정할 때 오기는 자신이 그 자리에 오르기를 원하였으나 전문에게로 벼슬이 돌아갔다.

그로부터 오래지 않아 승상 전문이 죽었다. 오기는 그 다음에 자신이 재상의 자리에 앉고 싶었다. 그러나 이번에는 위나라 왕의 사위인 공숙이 그 자리를 차지하였다. 오기가 재상의 자리를 탐내고 있던 것을 안 공숙은 불안하지 않을 수 없었다. 공숙의 마음을 안 하인이 이렇게 말했다.

"두려워하지 마십시오. 오기를 이 나라에서 쫓아내 버리면 됩니다."

"아니, 어떻게?"

"대왕께 아뢰어 공주를 오기에게 시집보내라고 말씀하십시오."

"만약 오기가 공주와 결혼을 한다면 나와 동서지간이 되는게 아닌가?"

"그러니까 결혼을 하지 못하게 만드는 방법을 연구해야 합니다. 일단 공주와의 결혼 이야기가 나오게 한 다음 승상께서 오기를 따로 초청하십시오. 그 다음 오기가 보는 앞에서 마님으로 하여금 일부러 승상을 혼내주는 척 하는 겁니다. 그러면 오기는 만약 공주를 아내로 얻으면 승상처럼 꼼짝 못하게 될 것이라는 걸 알고 절대 결혼하려고 하지 않을 겁니다."

하인의 말대로 공숙은 그 계략을 실행해 옮겼다. 정말 오기는 공숙이 아내에게 호된 야단을 맞는 것을 보고 위나라 왕 무후의 사위가 되는 것을 사양하였다. 그러자 무후는 오기를 의심하게 되어 그를 멀리 하였다. 오기는 죄를 입을 것이 두려운 나머지 위나라를 도망쳐 초나라로 갔다. 초나라 도왕은 오기가 지략에 뛰어나다는 소문을 듣고 있었다. 그래서 그를 재상의 자리에 앉혔다. 드디어 오기는 자신이 꿈꾸어 오던 재상의 자리를 차지하게 된 것이다. 그는 재상이 되자 좋은 정치로 자신의 뜻을 펴기 위해 법을 재정비하고 필요없는 관직은 가차없이 폐지하였다. 또한 왕실과 먼 촌수의 왕족들에게 주던 녹봉은 없애고 거기에서 얻어진 재원으로 군사들을 양성하였다.

오기는 부국강병책을 씀으로서 우선 초나라의 기반을 확실하게 다져 놓았다. 그리고 나서 군사들을 일으켜 북쪽으로는 진(陳)나라와 채나라를 병합하고 남쪽으로는 백월을 평정하였으며 서쪽으로는 진(秦)나라를 치니 제후들은 강성한 초나라를 두려워 하였다. 이때 마침 도왕이 죽자 오기의 반대세력이 들고 일어났다.

"지금 오기를 죽이지 않으면 평생 후회한다!"

오기 때문에 관직에서 떨어져 나갔던 왕족과 대신들이 반란을 일으켰다.

도왕의 장례를 치르기 위해 궁전 안에 있던 오기는 너무 갑작스런 일이라 몸을 피할 수가없었다. 반란군이 벌써 궁궐을 완전히 장악한 채 궁전안으로 뛰어든 것이었다.

"아, 내가 여기서 죽게 되다니! 그래 죽어도 좋다. 결코 나 혼자는 죽지 않는다. 죽어서도 원수를 갚고야 말리라."

오기는 재빨리 도왕의 시체 뒤에 가서 몸을 숨겼다. 반란군들은 궁전을 샅샅이 뒤지다가 마지막으로 도왕의 시체가 안치된 방으로 들이닥쳤다.

"찾았다! 오기가 저기 있다!"

반란군들이 소리쳤다. 그리고 감히 함부러 접근하지 못한채 화살을 마구 퍼부어댔다. 그 화살들은 순식간에 도왕의 시체를 고슴도치처럼 만들었다. 그리고 그 시체 뒤에 숨어 있던 오기도 화살에 맞고 칼에 찔려 숨을 거두었다.

도왕의 장례가 끝나고 나서 반란군들은 태자 장을 왕으로 추대하였고 그가 초나라의 숙왕이 되었다. 새로 왕위에 오른 숙왕은 정권을 장악한 뒤 곧바로 다음과 같은 명령을 내렸다.

"선왕의 시신에 활을 쏜 자들은 지위고하를 막론하고 모조리 잡아다 도륙하라!"

반란에 참가했던 왕족과 대신들이 거의 모두 주살을 당했다. 이들은 모두 다 평소에 오기를 미워했던 사람들이었다. 오기는 죽음에 임박한 순간 도왕의 시체 뒤로 숨으면서 반란을 일으킨 자들이 곧 비참한 최후를 맞을 것이라는 것을 예상하고 있었던 것이다.

오기는 죽고 나서도 원수를 갚은 것이다.

갑부의 대명사 범려

범려(范蠡 기원전533년-기원전452년)춘추시기 초나라 사람

평범한 가정에서 태어난 그는 소년시절 궁핍한 생활을 하였다. 그는 남의 구속을 받기 싫어했고 자유분방한 사람이었다. 지방관리 문종이 범려를 만나 보려 할 때 그는 숨어서 만나주지 않았다가 문종이 친히 가마에 올라 범려를 만나러 왔을 때는 마지 못해 형의 옷을 빌려 입고 만나주었다. 그런 그가 월나라 구천의 모신이 되었고 중국 최초의 갑부가 되었다.

범려는 평범한 가정에서 태어나 소년시절은 궁핍한 생활을 하였다. 그는 남의 구속을 받기 싫어했고 제멋대로였다. 그 무렵 지방 관리인 문종이 범려의 이름을 듣고 관리를 파견하여 자기를 대신해 범려에게 문안을 드리게 했다. 하지만 범려는 숨어서 만나주지 않았다. 그리하여 문종은 친히 가마에 올라 범려를 만나러 갔다. 범려는 이번에도 만나지 않으려 했다. 그러나 문종이 직접 온 것을 알고 그의 성의에 감복되어 형의 옷을 빌려 입고 나갔다. 두 사람은 만나자마자 의기가 투합되어 그때로부터 친분을 맺게 되었다.

범려는 천하의 대세를 관찰하고 분석한 자신의 생각을 문종과 나누었

다. 그리고 잠재력이 무궁한 장강 하류로 함께 가서 큰 사업을 펼치자고 문종에게 제안하였다.

문종은 범려의 예측이 합리적이라고 판단하고 관직을 버리고 범려와 함께 장강을 따라 동쪽으로 내려갔다. 두 사람은 먼저 오나라에 가 오왕 부차를 보좌하려 했으나 부차의 중용을 받지 못했다. 그리하여 오나라를 벗어나 남쪽으로 내려가다가 월나라의 도읍인 회계에 이르렀다. 당시 월나라는 경제와 문화가 낙후한 소국으로 도처에는 개간하지 않은 황무지가 펼쳐져 있었다. 범려와 문종을 만나 이야기를 나눈 월왕 구천은 그들을 중용하고 대부에 봉했다. 월왕 구천은 늘 범려를 찾아 군정과 국가 대사를 의논하였고 범려도 자기의 생각을 아낌없이 털어놓았다. 범려는 풍부한 정치, 군사, 경제, 천문, 지리 지식과 대세를 통찰하는 안목으로 구천의 주요 모신이 되었다. 군주와 신하가 위기투합하고 협력하자 머지않아 월나라는 모든면에서 활기를 띠기 시작하였다. 구천이 즉위한지 3년후, 오나라 왕 부차가 아버지 원수를 갚겠다며 월나라 공격을 준비하고 있었다. 이 소식을 접한 구천은 선제공격 전술을 선택하여 오나라를 침공하기로 했다. 범려는 월나라의 군비가 오나라에 비해 열세라고 판단하고 구천에게 병사를 일으키지 말 것을 권고했다. 그러나 구천은 듣지 않았다.

기원전 494년, 오와 월 두나라는 부추에서 마주치게 되었다.

결과는 범려의 말대로 월나라는 패배하고 말았다.

오나라의 포로가 된 구천과 범려는 오나라를 위해 부역을 나가고 말몰이를 해야 했으며 나머지 시간에는 석실에 연금되어 있어야 했다

한편 오왕 부차는 범려가 비범한 인재라는 소문을 듣고 구천과 범려를 만나는 자리에서 범려에게 말했다. "과인이 듣건데 현명한 여자는 망하

는 집에 시집가지 않고 현명한 사람은 멸망될 나라에 남아 벼슬하지 않는다 하였소. 지금 월왕이 무도하여 월나라가 이제 곧 망하게 되었고 당신과 월왕은 모두 나의 노비가 되어 천하의 웃음거리가 되고 있소. 내가 당신의 죄를 벗겨줄 것이니 새롭게 마음을 먹고 오나라를 섬김이 어떻겠소?"

"신이 듣건데 망국의 신하는 정치를 거론하지 못하고 패한 장수는 용맹함을 말하지 못한다 하였습니다. 나는 월나라에서 이미 불충해서 대왕께 맞섰다가 군신이 모두 여기에 붙잡혀 있습니다만 대왕의 은덕에 목숨을 부지하였으니 대왕을 위해 부역에 나가 일한지언정 관리는 하지 않겠습니다." 라고 범려가 말하였다.

부차는 범려가 뜻을 굽히지 않는 것을 보고 이렇게 말했다.

"그대가 내 뜻에 따르지 않으면 다시 석실로 보내겠노라."

"마음대로 하십시오."

범려는 한마디를 남기고 석실로 돌아가 계속 부역에 시달렸다.

3년이 지나도록 범려는 아무런 원망도 하지 않고 구천과 고락을 함께 했다. 그러면서 범려는 구천에게 늘 같은 내용을 주지 시켰다.

"어떤 상황에서도 재기의 뜻이 없음을 부차가 느끼도록 해야 합니다. '

이렇게 오랜 시간이 지나자 과연 부차는 구천에 대한 경계심이 사라지게 되었다. 결국 부차는 구천을 고국으로 돌려보냈다.

오왕 부차로부터 풀려나 귀국한 범려와 문종 등 대신들은 구천을 보좌하여 월나라 부흥을 꾀하였다. 범려는 천시에 순응하여 농업을 발전시켜야 한다고 주장하였고 구천은 그의 주장을 받아들였다. 이로부터 월나라의 경제와 문화는 빠르게 발전하여 중원지역에 버금가게 되었다. 뿐만

아니라 범려는 전쟁준비도 박차를 가했다. 그는 검술에 능한 장인과 활쏘기에 능한 사람을 초빙해 창검을 마련하고 군사를 조현했다.

　10년간에 걸친 준비끝에 월나라는 부강해 졌으며 드디어 오나라에 대한 원수를 갚을 시간이 다가왔다. 기원전475년, 구천은 범려의 계책대로 병사를 일으켜 오나라 토벌에 나섰다. 범려는 계속 군사를 독려하여 오나라 왕궁까지 쳐들어 갔다. 부차는 결국 자살하고 오나라는 멸망했다. 오나라를 멸망시킨 구천은 범려를 상장군에 임명하고 장강과 회하를 건너 초, 제, 진을 공격하였다. 구천은 범려의 계책에 따라 "약한 자를 부추기고 강한자를 누르는 "전략을 택해 송, 노 등 소국들이 대국에 빼앗긴 땅을 되찾아 주었다. 이로인하여 범려는 많은 사람들의 존경을 받았다. 얼마 지나지 않아 범려는 사직을 청했다.

　"옛날 대왕께서 회계산에 갇혀 치욕을 당했음에도 신이 목숨을 부지한것은 살아서 그 원수를 갚기 위해서였습니다. 오늘 이미 그 치욕을 갚았으니 신은 이제 그만 떠나야겠습니다."

　구천은 그의 사직을 받아들이지 않았지만 이미 뜻을 세운 범려는 몰래 배를 타고 월나라를 떠났다. 범려는 일엽편주에 몸을 싣고 삼강을 떠나 오호 땅을 거쳐 제나라에 이르렀다. 그는 자신의 명성 때문에 행동에 장애를 받을 것을 두려워하여 치이자피라 이름을 바꾸고 장사를 시작하였다.

　범려는 제나라에서 장사를 하는 한 편 농사도 지었다. 경영을 잘 했기에 몇 년 뒤 그는 수십만 금의 재산을 가진 부자가 되었다. 제나라 왕이 그의 이름을 듣고 재상으로 초빙하려 하자 그는 이렇게 말했다.

　"집안을 일으켜 천 금의 재산을 모으고 그 관직은 경상의 자리에 오르게 되니 평민의 신분으로 세상에 나와 가장 높은 지위에 오르게 되었다. 존귀한 이름과 지위를 오랫동안 가지고 있으면 좋지 않는 일이 생기게 마련이다."

그는 제왕의 청을 거절하고 재산을 동네 사람들한테 나누어준 다음 귀중한 보물들만 챙겨 제나라를 떠났다.

도읍(陶邑)으로 자리를 옮긴 범려는 지방 이름을 따서 도주공(陶朱公)이라 이름을 바꾸었다. 그가 도읍을 선택한 것은 위치가 천하의 중심이고 도로가 사통팔달하여 여러 제후들과 내왕이 편리해서 장사에 적절한 지역이기 때문이었다.

그는 상업이 날로 번창하여 19년 사이에 세 번이나 천금에 이르는 재산을 모았다. 그의 성품은 시원스럽고 대범하여 빈궁한 친구나 먼 친척들에게 많은 재물을 베풀어 사람들의 존경을 받았다. 범려가 은퇴후에도 자손들이 가업에 이어받아 수억에 달하는 재산을 모으게 되었다. 후세 사람들은 역사상 거부를 말할 때면 꼭 도주공(범려)을 떠올리게 된다. 역사상 도주공은 이미 부호와 거상의 대명사가 되었다.

****

청빈의 시사(示唆)

안회는 열네 살에 공자의 제자가 되었는데 공자의 신임을 한 몸에 받은 수제자로 공자의 애제자 중의 애제자였다. 안회는 우직하게 행동해 겉으로 보면 아둔할 정도였다. 그리고 공자의 말에는 어김이 없고 단 한번도 이의를 단 적이 없어 공자 자신이 못마땅해할 정도로 무비판적이었다. 그러나 혼자 있을 때에도 늘 자신의 뜻을 헤아리면서 하나하나 실천해 보였다. 겉으로 드러내지 않았을 지언정 내면은 어느 제자보다도 가득차 있었다.

공자 제자 3000명 가운데 핵심 인물은 77명 밖에 되지 않았는데 그중에서도 안회를 대하는 공자의 모습은 때로 평정심을 잃었다 할 만큼 칭

송이 일관되어 있었다. .

"어질구나, 회(回)여! 밥 한그릇과 물 한 바가지로 누추한 뒷골목에 살고 있으니 다른 사람들은 그것을 견뎌 내지 못할 텐데 안회는 자기가 즐겨하는 바를 바꾸지 않는구나!"

"안회는 배울 때 듣고만 있어 어리석은 것 같지만 물러가 행동하는 것을 보면 내가 가르친 것을 제대로 실천하고 있었다. 안회는 절대 어리석지 않구나!"

"벼슬에 나가게 되면 도를 실행하고 물러나면 조용히 도를 즐길 수 있는 사람은 오직 나와 너 뿐이구나!"

공자는 서른 살이나 어린 제자 안회를 현자라 일컬으며 총애하였다. 스승이 자식뻘 되는 제자를 그토록 아낀 것은 안회의 안빈낙도(安貧樂道 : 가난한 생활 속에서도 편안한 마음으로 지내다)의 정신 때문이었다.

안회는 어린 시절부터 가난이 뼛속에 스며들 정도의 힘든 역경 속에서도 여유롭게 본분에 충실했다. 공자는 수제자로 칭송하던 안회를 두고 "어지지 않는 게 어리석은 것 같다" 라며 다소 모자란 듯한 그의 처세를 평가했다.

공자는 생각하기에 군자의 즐거움은 천명을 실천하는데 있고 소인의 즐거움은 욕망을 충족하는데 있다고 했다. 그러므로 소인은 욕망을 충족시킬수 있는 의식주에 매달리지만 군자의 즐거움은 이런 형이하학적인 문제에 좌우되지 않는다고 하였다. 학문을 좋아하는 안회는 밥 한그릇과 물 한 표주막을 먹으며 누추한 곳에서 살아도 불평하는 기색이 전혀 없이 여전히 즐거워했으므로 공자는 이런 평가를 내린 것이다.

한 때 공자는 노자를 두고 "구름 같은 존재"라고 평가한 적이 있다. 안회도 노자와 같은 비슷한 모습이 있지 않는가고 공자는 평가했다.

공자는 그토록 갈망했던 관직을 얻지 못하고 10여년 동안 제후국들을 떠돌아 다닌 자기 처지에 회한이 서려 있었다. 다른 제자들 대부분이 공자의 그런 모습을 추종했지만 안회는 묵묵히 자신의 길을 가면서 스승 공자에게 그런 길의 덧없음을 일깨워 주려는 것 인지도 모른다. 안회는 겨우 서른한 살에 세상을 떠나고 말았다.

"하늘이 나를 버렸구나!"

공자는 안회의 죽음을 애달파하며 통곡했다.

훗날, 사마천은 그런 일을 두고 이렇게 말했다.

"공자는 제자 77명 가운데서 안회가 학문을 좋아한다고 칭찬했다. 그러나 안회는 늘 가난해서 술지게미와 쌀겨 같은 거친 음식조차 배불리 먹지 못하고 끝내 젊은 나이에 죽고 말았다. 하늘이 착한 사람에게 복을 내려 준다면 어찌 이런 일이 있을 수 있는가? 춘추시대 말기에 나타난 도적 도척은 날마다 죄없는 사람을 죽이고 그들이 간을 날로 먹었다. 잔인한 짓을 하며 수천명의 무리를 모아 제멋대로 천하를 돌아다녔지만 끝내 하늘에서 내려 준 수명을 다 누리고 죽었다. 이는 도대체 그의 어떤 덕행에 의한 것인가?"

사마천이 말한 것을 보면 인간 세상에서 인과보응이니 권선징악이니 하는 말이 인간사에 맞지 않은 경우도 많다.

청빈의 자세로 자신을 추스르면서 살다 요절한 안회는 우리에게 많은 생각을 하게 한다.

그후 한무제도 안회의 성덕을 기렸고 역대 통치자들도 안회를 존중하여 안자(顔子)라는 존칭으로 불렀다.

* * * *

세 개 굴을 판 식객

풍환(馬驩 생졸 불명)은 전국시대 제나라의 정치인인 맹상군의 식객이다. 자기 한 몸도 돌보지 못할 정도로 가난하여 아는 사람을 통해 자신을 맹상군에게 추천해 달라고 부탁하고 맹상군의 문하에서 밥 한끼라도 얻어 먹을 수 있기를 바랬다. 그러한 그가 무슨 엉뚱한 짓을 할 수 있을까?

전국시기 제나라의 정치인인 맹상군은 손님을 좋아하며 그의 문하에는 식객이 3천명이나 있었다. 하루는 어떤 사람이 맹상군을 찾아와서 한 식객을 소개해 주었다. 그리하여 맹상군은 소개인에게 물었다.

"그에게 어떤 재능이 있소?"

"없습니다. 그는 너무도 가난하여 생계마저 막막하여 밥 한끼라도 얻어 먹을 수 있기만을 바라는 사람입니다."

"그렇더라도 남겨 두시게."

그리하여 맹상군의 문하에는 풍환이라는 식객 하나가 더 있게 되었다.

그로부터 얼마 지나지 않아서 맹상군은 여러 색객들에게 말했다.

"누가 회계를 할 줄 아는가? 회계할 줄 알면 설지에 가서 빚을 받아다 주게."

설지는 맹상군의 영지였다.

"제가 할 수 있습니다."

좌중에 누가 불쑥 일어나서 말했다.

"자넨 누군가?"

맹상군이 놀라 물었다. 그러자 좌중의 사람들이 말했다.

"저 사람이 바로 '검아! 우리 돌아가자'라고 장검을 두드리면서 노래하던 풍환이라는 사람입니다." 그러자 맹상군은 풍환에게 사과를 했다.

"실례가 많았소이다. 내가 정무에 바쁘고 또 미련한 탓에 선생에게 태만하게 했으니 널리 양해해 주시오. 하면, 나를 대신해서 설지에 가서 빚을 받아다 줄 수 있겠소?"

"그렇게 할 수 있습니다."

그래서 맹상군은 풍환에게 수레를 마련해 주고 행장을 챙겨주었다. 떠나기 전에 풍환은 작별인사를 하면서 맹상군에게 물었다.

"세금을 받아 가지고 돌아올 때 사야할 필요한 물건은 없습니까?"

"보아가며 처리하시오. 집에 부족한 것이 있다면 그것을 사오도록 하시오."

설지에 도착한 풍환은 관리들을 파견하여 빚을 진 사람들을 불러 놓고 장부를 대조해 보았다. 그러더니 풍환은 자리에서 일어섰다.

그는 맹상군의 분부라면서 받은 빚은 다시 돌려주는 한편 빚문서를 모두 모아서 그 자리에서 불살라 버렸다. 그러자 사람들은 너무나도 기쁜 나머지 만세를 불렀다.

설지에서 일을 마치고 돌아온 풍환은 이튿날 이른 아침에 맹상군을 만났다. 풍환을 보자 맹상순이 물었다.

"그래 빚을 받아 오셨소? 어떻게 이처럼 빨리 돌아왔단 말이오?"

"예, 일을 잘 마무리했습니다."

맹상군이 다시 물었다.

"그럼, 나에게 어떤 물건을 사가지고 왔소?"

"집에 부족한 물건을 사가지고 오라고 하시지 않으셨습니까?"

집에는 진귀한 보물이 쌓여 있고 마구간에는 살찐 가축들이 넘치며 미인도 얼마든지 있습니다. 다만 부족한 것이 있다면 오직 '인仁' 이였습니다. 그래서 저는 '인'을 사가지고 돌아왔습니다. 맹상군이 어리둥절하여 물었다.

"인? 나에게 인을 사 가지고 왔다고? 대체 어찌된 일이오?"

"지금 대인에게는 좁은 설지밖에 없습니다. 그런데 자식을 아끼듯 설지의 백성을 아끼는 대신 그들에게 고리대를 놓고 이득을 챙기고 있습니다. 그래서 저는 '대인의 분부' 라면서 빚을 백성들에게 돌려주고 빚문서도 불살라 버렸습니다. 그러자 백성들은 너무도 기쁜 나머지 만세를 불렀습니다. 이것이야 말로 인의를 사가지고 돌아온 것이 아니고 무엇이겠습니까?" 풍환의 말을 들은 맹상군은 어처구니가 없어 혀를 찼다.

"됐네. 그만 두시게."

1년뒤, 새로운 왕이 즉위하자 어떤 사람의 모함으로 맹상군이 궁지에 몰리게 되었다.

제나라 왕이 맹상군에게 "짐은 선왕의 대신을 짐의 대신으로 삼을 수 없다."고 하자 맹상군은 그 이유로하여 자기의 봉지인 설지로 돌아갈 수

밖에 없었다. 이 소식을 접한 설지의 백성들은 남녀노소 할 것 없이 모두 백 리 밖까지 나와 맹상군을 영접했다.

감동한 맹상군은 수레를 몰고 있던 풍환에게 말하였다.

"선생이 나에게 사다준 인의를 이제야 보는구려."

풍환이 말했다.

"영리한 토끼에게는 굴이 세 개가 있다고 하지 않습니까, 대감께서는 지금 굴이 하나밖에 없으니 낙관할 수는 없습니다. 제가 이제 굴 두 개를 더 마련해 드리겠습니다."

이렇게 말한 풍환은 맹상군에게 수레50대와 황금 5백근을 얻어 가지고 위나라로 가서 유세를 했다. 풍환이 위왕을 알현하고 말했다.

"제나라는 현명한 신하인 맹상군을 배척했습니다. 지금 그를 받아들이는 나라가 먼저 부강하게 될 것입니다."

풍환의 말을 들은 위왕은 재상 자리를 비워놓고는 황금 천 근과 수레 백 대를 가지고 가서 맹상군을 맞아오도록 사신을 보냈다. 사신보다 앞서 설지에 돌아온 풍환이 맹상군에게 말했다.

"황금 천 근은 매우 귀중합니다. 수레 백 대도 마찬가지입니다. 그리고 제나라에서도 이 일을 알게 될 것입니다."

그런데 어찌된 일인지 위왕이 파견한 사신이 세 차례나 다녀갔지만 맹상군은 응하지 않았다. 이 소식을 들은 제나라 왕은 몹시 불안했다. 그는 맹상군에게 황금 천 근과 수레 두 대. 패검 한 자루와 함께 사과의 편지까지 보내 다시 돌아와 국사를 보도록 청했다.

그러자 풍환이 맹상군에게 말했다.

"이 기회에 선왕의 제기를 달라고 하십시오. 그것을 설지로 옮겨 놓고 사당을 짓는 것입니다."

그렇게 해서 사당이 완공되자 풍환이 맹상군에게 말했다.

"이제 굴 세 개를 다 팠습니다. 이제부터는 편안하게 즐거움을 누릴 수 있게 되었습니다." 맹상군은 제나라에서 몇십 년간이나 상국으로 있었지만 아무런 재난도 겪지 않았다.

이 모든 것은 풍환의 책략이 그의 정치적 기반을 닦아 놓았기 때문이었다.

* * * *

양가죽 다섯 장으로
노예를 사다

> 백리해(百里奚 생졸불명) 춘추시기 진나라 완(오늘의 남양)사람.
> 가난한집 출신인 그는 여러나라로 다니면서 벼슬자리를 찾았으나 결국은
> 출세도 못하고 몇 년 동안이나 소치는 사람의 심부름꾼으로서 생계를 이어갔
> 다. 그런데 진목공은 양가죽 다섯 장으로 초나라 노예인 백리해를 사왔다.

　백리해의 운명은 참으로 기구하였다. 가난한 집 출신인 그는 벼슬할
자리를 찾아 제나라에 갔으나 전혀 등용되지 못했을 뿐만 아니라 몇 년
동안이나 소치는 사람의 심부름꾼으로서 생계를 이어 갔다. 제나라에서
벼슬자리를 체념한 백리해는 얼마뒤 우나라라는 작은 나라로 건너가 거
기서 재능을 인정받아 대부에 임명되었다.

　오랫동안 불우하게 지낸 그에게도 마침내 봄이 찾아온 것 같아 보였
다. 그러나 작은 나라의 운명만큼 불안한 것은 없다.

　그 뒤 몇 년도 안되어 우나라는 진(晉)나라에게 멸망하여 배리해는 모
처럼의 지위를 잃어 버렸을 뿐만 아니라 진나라의 포로가 되었다.

　때마침 진의 왕은 딸을 진(秦)나라의 목공에게 시집보냈다.

그래서 포로가 된 백리해를 딸의 심부름꾼으로서 진에 보내기로 했다.

백리해에게는 견딜 수 없는 모욕이었다. 그는 호송 도중 탈출하여 초나라로 도망쳤으나 거기에서 이번에는 마을 사람들에게 붙들려 또다시 양치기로서 살아야 할 형편이었다.

진목공은 심부름꾼 명단에 백리해의 명단이 없는 것을 보고 공손지에게 그 이유를 물었다.

"그는 아주 재능이 있는 사람이지만 재능을 발휘할 곳이 없습니다."

진목공은 현명한 군주로서 인재를 모으기 위해서라면 기꺼이 자신을 굽힐 줄 알았다.

진목공은 즉시 사람을 보내서 백리해를 찾게 했는데 마침내 그가 초나라에 있다는 걸 알아냈다. 진목공은 훌륭하게 단장한 수레를 보내서 그를 데려오게 했다. 그러자 공손지가 만류했다. "안됩니다. 일개 노비를 이렇게 성대하게 맞이하면 초나라 사람들의 의심을 삽니다. 그렇게 하면 백리해를 주려고 하지 않을 겁니다."

진목공은 공손지의 제안에 따라서 다섯 장의 양가죽과 백리해를 교환했다. 이로 인해 나중에 '백리해, 다섯 장의 양가죽'이라는 말이 나오게 되었다.

진목공은 백리해가 70이 넘은 백발 노인인 것을 보자 그다지 기뻐하지 않았다. 그것을 눈치챈 백리해가 말했다.

"당신이 저에게 호랑이를 잡으라고 하면 당연히 늙었다고 할 수 밖에 없지요. 그러나 저에게 나랏일을 논의하라고 하면 아직 강태공보다 열 살이나 젊습니다."

진목공은 그의 말에 일리가 있다고 생각했다. 그래서 곧 그와 나라의 대사들을 의논했는데 서로의 마음이 잘 맞아서 사흘이나 연속했다. 나중에 진목공이 재상으로 삼으려고 하자 백리해는 자신은 안된다고 사양하면서 건숙을 추천했다.

진목공은 건숙과 천하의 형세를 논하는데 푹 빠져 밥 먹는 것도 잊을 정도였다. 며칠 지나서 진목공은 건숙을 우상으로, 백리해를 좌상으로 임명하였다. 이렇게 진목공은 단번에 현명하고 능력있는 선비를 얻게 되어 진나라의 부국 강변을 이룩하는데 커다란 공을 세웠다.

백리해가 우나라의 대부로 있을 때 우나라 군주는 백리해의 말에 귀 기울지 않았고 결국 우나라는 멸망하였다. 이는 우의 군주가 백리해란 인물의 능력을 몰라 그의 방책을 수용하지 못한 탓이다. 진나라 역시 백리해를 포로로 잡고서도 그를 몸종으로 활용하였다는 것은 백리해의 진가를 몰랐음을 말해준다. 그리고 초나라 사람도 백리해를 노예로 삼았으니 그를 비천한 인물로 여긴 것이다.

진목공만이 사람을 알아보는 혜안을 가지고 백리해의 재능을 알아 주었다. 그의 신분에 대해서는 못 본척 눈감아 주고 일국의 국정을 맡긴것이다.

백리해가 끼니를 때우지 못해 제나라에 가서 구걸을 할 때 건숙은 그를 거두어 보살펴 주었다. 세상사람들은 건숙의 능력을 몰라 봤다. 그러나 백리해는 건숙이 여러방면에서 자신을 권면하는 모습을 보고 건숙의 재능이 자신보다 뛰어남을 알게 되었다. 그래서 진목공에게 추천하였고 목공은 또한 의심하지 않고 곧바로 거금을 들여 초빙한 것이다.

사람을 알아보고 중용할 줄 아는 진목공의 안목이 틀리지 않았음을 역사가 증명하였다.

이후, 백리해와 건숙은 목공을 위해 충성을 다하여 진나라의 정치. 군사. 외교 분야에서 지대한 공헌을 하였고 덕분에 진목공은 춘추오패의 일원이 될 수 있었다.

백리해는 가는 곳마다 수모를 당하였지만 진목공에게 크나큰 사랑을 받았다.

백리해처럼 인생을 살면서 자신의 몸을 돌보지 않고 죽을 때까지 충성하며 대방의 이익을 위해 헌신하는 친구를 얻을수 있다면 헛되지 않은 인생이라 말할 수 있다.

철면피했던 관중

> 관중(管仲 기원전723-기원전645년)은 춘추시기 영상(오늘의 안휘성)사람.
> 어려서 아버지를 잃고 생활이 곤궁하여 스스로 생계를 꾸려가야 했다. 비록
> 가난하게 살고 있지만 관중은 항상 책에서 손을 놓지 않았고 활을 잘 쏘았다.
> 관중은 백수건달이 되자 어린시절부터 각별하게 친한 포숙아 밑에서 장사를
> 하였지만 장사를 잘못하여 포숙아에게 많은 손해를 입혔다.

관중은 젊은 시절 집안이 가난하여 포숙이 장사를 하는 일을 도와서 끼니를 연명했다. 근는 장사를 하면서 포숙과 공평하게 이익을 나누지 않고 자신이 더 많은 돈을 가져갔다. 그리하여 포숙의 밑에서 일하는 사람들이 포숙에게 불평을 늘어놓았다.

"관중이란 사람은 하루의 장사를 한 뒤에는 반드시 주인보다 더 많은 이익을 가져갑니다. 서로 동업을 하기로 어찌 그럴 수가 있습니까? 관중은 참으로 담욕한 사람입니다."

"그를 비난하지 마라. 관중은 나보다 식구들이 많고 가나하기 때문에 돈이 더 필요한 것이다." 포숙은 하인들의 불만을 일축했다. 관중은 포숙

의 집에서 일을 하다가 제나라의 말단 관리가 되었다. 그러나 그는 뚜렷한 잘못도 없이 제양공 제아에게 세 번이나 쫓겨났다.

"관중이 부덕한 것이 아니다. 그가 천시를 만나지 못한것일 뿐이다."

포숙은 이번에도 관중을 비호했다. 관중은 백수건달이 되자 다시 포숙의 밑에서 장사를 하기 시작하였다. 그러나 관중은 장사를 잘못하여 포숙에게 많은 손해를 입혔다.

"관중이라는 사람은 정치도 할 줄 모르고 장사도 모릅니다. 도무지 쓰일 곳이 없는 사람입니다. 주인께서 무엇 때문에 그런 위인과 교분을 나누고 계시는 것입니까?"

하인들의 말에 이번에도 포숙이 관중을 비호했다. 포숙은 오랫동안 관중과 교분을 나누고 있었기 때문에 관중에 대해서 누구보다도 잘 알고 있었다.

그는 언젠가는 관중이 한 나라의 재상이 되어 천하를 도모할 것이라고 하인들에게 말했다.

포숙아의 사람보는 눈은 정말 정확하였다.

그후, 포숙이 제환공에게 재차 설득을 하자 제환공은 마침내 관중을 제나라의 재상으로 등용했다. 재상이 되자 과연 관중의 재능은 빛을 발휘하기 시작하였다.

관중의 정사는 나라 안팎에 미치지 않는 곳이 없었다. 그는 노인을 위로하고 어린이를 소중히 생각하였다. 그리고 고아를 구제하였고 병든 사람을 돌보았으며 홀아비에게는 부인을 맞이하게 했다. 또한 궁한 사람은 통하게 하였고 배고픈 사람은 끼니를 거르지 않게 하는 등 마치 광명이 온 천하를 골고루 비추듯이 정사를 돌보았다. 어느날, 관중이 제환공에게 말했다.

"우리 제나라는 작은 나라입니다. 또한 해변에 있어 가난하기 때문에 해산물 교역에 중점을 두어 부강한 나라를 만들어야 합니다."

제환공은 이 같은 관중의 경제정책이 옳다고 여겼다.

관중은 다음과 같은 것을 늘 강조하였다.

"창고가 차야 예절을 알게 되고 옷과 음식이 넉넉해야 명예와 치욕을 알게 된다. 위에서 법도를 지켜야 부모형제와 처자도 친애하고 단결하게 되고 예의, 의리, 청렴, 치욕 등 네가지를 지키지 않으면 나라는 드디어 멸망한다."

관중의 이러한 정사 원칙에 따라 제나라는 혼란을 극복하고 점차적으로 안정을 되찾기 시작하였다. 따라서 높은 관리가 명령을 내리는 것이 마치 물이 위에서 아래로 흐르는 것처럼 민심에 순응하였다.

특히, 관중은 화를 복으로 만들고 실패를 성공으로 전환시키는 것이 바로 정치라고 생각하였다. 또한 정치는 사물의 무겁고 가벼움을 잘 파악하여 그 균형을 잃지 않도록 하는 것을 근본 요체로 알고 있었다.

나라의 경제가 일어나고 정치가 안정되자 관중한 강한 군대를 육성하였다. 그리고 제나라 환공은 천하의 패자로 되었다. 관중은 비록 자신의 처지가 비참하여 죽을 운명에 처해 있어도 강한 승부적 기질을 갖고 있었기에 결국 포숙아의 천거로 살아났고 포숙의 뒷바침과 환공의 야심에 힘입어 관중은 마흔에 재상에 올라 무려 30년간 나라를 다스리게 되었다.

관중의 성공 전략에는 다소 철면피 같은 면모가 없지 않아 있다. 그럼에도 불구하고 그는 특유의 원칙과 결단력으로 제환공을 패자로 되게 하였다. 물론 포용력의 소유자인 포숙과 융통성 있고 현실적인 관중의 장점을 두루 갖춘 인물이 더 낫겠지만 그것은 그리 쉽지 않은 일이다.

양치기가 태부(太傅)로 되다

복식(卜式 생졸불명) 서한시기 하남군 출신.

농사를 짓고 목축일도 하였다. 부모를 일찍 여의고 소년가장으로 어린 동생을 돌보다 동생들이 성장하자 집과 재물, 전답을 모두 동생에게 주고 양 몇 마리를 갖고 산으로 들어가다. 그런 복식은 거부가 되었고 한무제가 그를 높이 평가하여 제왕의 태부로 삼기도 했다.

복식은 하남군 농가에서 출생하여 농사를 짓고 목축일도 하면서 살았다. 부모가 일찍 돌아가시자 그는 소년 가장으로 동생들을 돌보았다. 동생들이 장성하자 집과 전답을 모두 동생에게 주고 복식은 기르던 양 100여 마리만 갖고 산으로 들어 갔다.

산에서 지낸지 10여 년이 지나자 양은 1000여 마리를 늘고 널찍한 집도 마련했다. 그러나 동생들은 하는 일마다 실패했다. 그럴 때마다 복식은 동생에게 나누어 주었는데 그런데도 자신의 재산은 늘어났다.

어느날, 흉노가 북방에서 공격해 오자 복식은 재산의 절반을 조정에 바쳐 변방을 수비하는데 보태겠다는 상소를 올렸다. 상소문을 받아 본

한무제는 사자를 보내 복식을 만나보게 했다

"관리가 되려고 하는가?" 사자가 복식에게 물었다.

"신은 어려서부터 목축만 해 왔기에 관리기 익숙하지 않습니다. 저는 관리를 원하지 않습니다."라고 복식이 대답했다.

"그럼 집안에 억울한 일이라도 있어서 호소하려는 것인가?"

사자가 재차 복식에게 물었다.

"신은 태어나자마자 남과 다툰 적이 없습니다. 가난한 사람들에게는 재물을 빌려주고 착하지 않은 사람들은 가르쳐서 착한 것을 따르게 했습니다. 읍에 사는 사람들이 모두 저를 따르는데 제가 무슨 이유로 남에게 억울한 일을 당하겠습니까."

복식은 사자의 물음에 단호하게 대답했다.

이 말을 전해 들은 한무제는 승상 공손홍에게 의견을 물었다.

공손홍은 보통사람의 마음가짐이 아니라며 평범하지 않은 백성을 교화의 모범으로 삼으면 오히려 법을 어지럽힐 수 있으니 그의 청을 들어주지 말라고 간언했다.

한무제는 오래도록 복식에게 결정 사안을 알려주지 않다가 몇 년이 지나고서야 허락하지 않겠다고 통보했다. 그러는 사이에 복식은 집으로 돌아가 농사도 짓고 가축도 길렀다. 흉노와의 싸움이 빈번해지자 군대는 자주 출정해야 했고 흉노의 혼야왕이 투항해와 그들에게 먹을거리까지 주고 나니 창고가 텅 빌 정도였다. 빈민들은 늘어나 조정에서는 이들에게 식량을 대기도 벅찼다. 복식의 고향에도 각지에서 이주해 온 빈민들이 많아 복식은 20만 전을 태수에게 주어 돕게했다. 태수의 부인이 기부자들의 명단을 조정에 올렸는데 한무제가 복식의 이름을 발견하고 복식에게 400명분의 과경전을 내렸다.

당시 군복무 규정에 따르면 징집 대상인 성인 남자들 중에 변방 복무를 원하지 않으면 일인당 300전의 비용을 써서 대리군 복무자를 사게 했는데 이 돈이 바로 과경전이다.

그러나 복식은 이 돈을 조정에 다시 돌려주었다.

당시 부호들은 자신들의 재물을 숨겼으나 복식만은 자신의 재산을 털어 조정의 재정에 보태려고 했다. 한무제는 복식을 '덕행을 갖춘 장자라며 그의 품행을 기리고 백성들의 본보기로 삼게했다. 그리고 무제는 복식에게 낭관이란 자리를 주어 자신의 정원인 상림원의 양들을 기르게 했다. 그러나 복식은 여전히 허름한 차림으로 양들을 길렀는데 1년만에 양들이 살이찌고 새끼도 많이 낳았다.

하루는 무제자 지나가다가 탐스러운 양들을 보며 감탄하자 복식은 그저 제 시간에 먹이를 주고 쉬게 했으며 병든 양들은 양의 무리에서 걸러냈을 뿐이라고 하면서 세상 다스리는 이치도 양치기와 크게 어긋나지 않는다고 말했다.

이 말을 들은 한무제는 복식을 비범한 인물을 여기고는 구지의 현령으로 제수해 백성들을 다스리게 했다. 그리고 그 후에도 평가가 좋아 다시 성고의 현령으로 옮겨 조운을 관장하게 했는데 가장 높은 성적을 올렸다.

무제는 이런 점을 높이 평가하여 복식을 자신의 아들인 제왕 유굉의 태부로 삼기도 했다.

중국 역사에서 이름을 남긴 사람들 가운데에는 왕후장상만이 있는게 아니다. 가난하고 비천했던 사람들이 거부가 된 복식같은 사람도 있다.

겸허란 인생의 미덕이고 사람들을 따르게 하는 힘이 있다. 어디든 자기 위치에서 묵묵히 제 몫을 다하는 사람들이 바로 그러한 힘이 있다.

****

때를 기다려 천하를 얻다

강태공(姜太公 생졸불명) 상나라 사람. 본명은 강상인데 조상이 여(呂)나라에서 살았다하여 여상이라고도 부른다. 강태공은 72세 때 결혼을 했는데 모진 생활고로 부인은 떠나갔다. 그러자 강태공은 줄곧 낚시질을 하거나 책만 읽었다. 그런 그가 어떻게 되어 늙으막에 제나라 시조로 봉해졌을까?

가난하게 살던 강태공은 72세 때에야 비로소 한 여인과 결혼을 했다. 그러나 강태공은 가난한 살림에는 전혀 관심을 하지 않고 낚시질만 하거나 책을 읽었다. 그리하여 아내는 결핏하면 남편에게 바가지를 긁고 드잡이질을 하였다. 하지만 그는 아무 대꾸조차 하지 않았다.

하루는 갑자기 많은 비가 내려 마당에 쌓아놓은 곡식이 모두 떠내려 갔다. 강태공의 아내는 통곡을 하고 울었다.

"나는 더 이상 참고 있을 수가 없습니다. 대체 곡식이 떠내려 가는데도 그냥 있으면 어떻게 합니까?" 강태공이 집안을 돌보지 않아 모진 고생을 하던 부인은 마침내 그이 곁을 떠났다. 부인마저 가출해 버리자 마을 사람들까지 강태공을 손가락질하면서 비웃었다. 그러나 그는 그것을 아랑곳하지 않고 여전히 위수에서 낚시질을 하거나 책을 읽고 글을 썼다.

세월은 흘러 강태공의 나이 어느덧 80이 가까워졌다. 그의 머리는 하얗게 세고 수염은 은빛으로 빛났다. 이 무렵 은나라는 주왕과 달기의 폭정이 절정에 이르러 주나라의 제후 희창이 은밀히 인재를 모으고 있었다.

하루는 제후 희창이 위수를 지나다가 강언덕에 앉아 낚시를 하는 선풍도골의 백발노인을 발견하고 그를 궁전으로 모셔 왔다.

제후는 강태공과 많은 이야기를 했다. 강태공은 천리를 통달하고 문리를 깨우치고 있었다. 제후는 마침내 털썩 무릎을 꿇고 절을 했다.

"노인께서 저의 스승이 되어 주십시오."

"제후께서는 무엇 때문에 저를 스승으로 쓰려는 것입니까?"

"주왕의 폭정으로 천하 만민이 고통을 받고 있습니다. 저는 선생님을 모시고 천하를 안태시키려고 합니다." 강태공은 이렇게 하여 제후 희창의 스승이 되었다.

강태공은 제문왕의 스승이 되자 작은 제후국에 지나지 않던 주나라를 부국강병하게 만들었다. 그는 오로지 백성들을 부유하게 하는 데만 힘썼다. 백성들에게는 세금을 적게 걷고 농사를 짓는 법을 가르쳤다. 희창은 강태공의 가르침에 따라 백성들과 함께 농사를 짓고 사냥을 했다. 나라의 부는 백성들로부터 이루어 진다는 것이 강태공의 책략이다. 주나라는 드디어 중국의 4대 제후국이 되었다. 주나라가 부강해지자 주왕은 희창을 견제하여 은나라 도읍으로 불러다가 연금했다.

"주왕이 원하는 것은 미인과 땅이다."

강태공은 주왕이 주지육림에 빠져 지내는 것을 알고 주왕에게 많은 미인을 바치고 땅까지 바쳤다. 주왕은 미인과 땅을 받고 희창을 석방하고

서백에 임명했다.

희창이 죽자 무왕이 즉위했다. 무왕도 강태공을 스승으로 불렀다. 한편 은나라 주왕은 더욱 포학해져 중신 비간과 관용봉을 죽이는 등 백성들의 원성이 높았다. 무왕은 마침내 군사를 일으켜 폭군 주왕을 몰아내기로 했다.

무왕은 강태공을 군사로 임명한 뒤 제후들에게 선포했다. 그러자 수많은 제후들이 군사를 거느리고 주나라로 모여들었다. 무왕은 군사들은 사열한 뒤에 은나라의 도읍 조가로 진격할 것을 명령했다. 강태공은 군사로 임명되자 군령을 삼엄하게 세웠다. 이때 무왕의 깃발아래 모인 제후국은 무려 800여 국이나 되었다.

2년이 지나자 주왕은 더욱 포학하여 은나라의 충신 기자를 옥에 가두었다. 백성들의 원성은 더욱 높았다. 강태공은 드디어 때가 왔다고 생각하였다.

"천명이 내렸습니다. 지금이야 말로 폭군 주왕을 칠 때입니다."

강태공이 무왕을 설득했다.

무왕은 제후의 군사를 이끌고 맹진에 이르러 하늘에 제사를 지낸뒤에 태서를 지어 선포했다. "지금 은나라 주왕은 요부 달기를 총애하여 천명을 어기고 현신들을 죽였다. 조상들이 대를 이어 온 악곡을 멀리하고 음탕한 악곡을 만들어 요부 달기를 기쁘게 하였다. 이제 나는 경건한 마음으로 천명을 받들어 주왕을 단죄하고자 한다. 기회는 두 번 다시 오지 않는다! 군사들아! 일어나라!"

무왕의 선언에 군사들이 "와!"하고 함성을 지르며 응답했다.

무왕의 군사는 목야에 진을 치고 주왕의 군사와 싸우기 시작했다.

주왕의 군사는 70만이나 되었으나 무왕의 군사는 20만 밖에 안되었다.

강태공은 용사 100명을 거느리고 주왕의 군사를 공격했다. 강태공이 거느린 군사들은 불과 100명 밖에 되지 않았으나 강태공의 용병에 의해 주왕의 군사들을 철저하게 제압했다. 무왕은 강태공이 주왕의 군진을 종횡무진으로 어지럽히자 대군을 휘몰아 주왕의 군대를 휩쓸었다. "우리는 투항하는 자들은 죽이지 않는다. 우리와 싸울 마음이 없는자는 창을 거꾸로 쥐고 길을 비켜라."

강태공은 천지를 진동하듯이 소리를 질렀다. 주왕의 군사들은 혼비백산하여 전의를 상실했다. 전쟁은 치열했다. 그러나 강태공은 천명이 무왕에게 내렸다고 군심을 선동했기 때문에 주왕의 군사들은 뿔뿔이 흩어져 달아났다. 무왕은 군사를 이끌고 은나라 도읍 조가로 질풍처럼 달려갔다. 당황한 주왕은 녹대로 뛰어올라가 금은보화로 장식한 옷을 입은 뒤 불을 지르고 불속에 뛰어들어 자살했다. 무왕은 이어 요사스러운 달기의 목을 베었다. 그러자 주왕에게 시달리던 백성들과 군사들은 함성을 지르며 환호했다.

무왕은 은나라를 멸망시킨 뒤에 주나라를 창업하였다. 그리고 가장 큰 공을 세운 강태공을 제후에 봉하고 제라고 부르게 했다.

강태공은 제나라 임금이 되어 당당하게 금의환향하게 되었다. 그는 금은보화를 가득실은 수레를 타고 군사들의 삼엄한 호위를 받으며 고향으로 돌아오고 있었다. 그의 행차가 고향에 이르렀을 때 한 노파가 수레를 가로막고 엎드렸다.

"누가 감히 수레를 막는 것이냐?"

"웬 노파가 주공을 뵙기를 간절하게 청하면서 울고 있습니다."

강태공이 군사들에게 지시하여 노파를 데려오라고 하여 자세히 살피자 옛날에 가난한 자신을 구박하다가 달아난 부인이었다.

"그대가 나의 수레를 막는 이유가 무엇이오?"

"나리께서는 첩을 모르시나이까?"

"그대는 내가 가난하다고 버리고 간 여인이 아닌가?"

"첩은 다시 나리를 모시고자 합니다. 부디 옛정을 생각해서 첩의 뜻을 헤아려 주소서."

노파는 하염없이 울고 있었다. 강태공은 측은한 듯이 노파를 내려다보다가 군사를 시켜 물동이에 물을 담아 오라고 지시했다. 그리고 노파에게 물동이의 물을 땅바닥에 쏟으라고 했다. "이제 쏟아진 물을 다시 물동이에 주워 담아 보시오. 그 물을 담을 수 있다면 내가 그대를 다시 부인으로 삼겠소."

강태공의 말대로 노파는 땅에 쏟아진 물을 주워 담으려 했다. 그러나 주워담을 수가 없었다. 강태공이 야속하기만 하였다.

"그대도 깨달았겠으나 한번 엎지른 물은 다시 주워 담을 수 없고 한번 끊긴 인연은 다시 이을 수가 없소."

강태공은 차갑게 말하고 행차를 재촉했다.

강태공이 무왕을 도와 폭군 주왕을 몰아낼 수 있었던 것은 민심을 헤아릴 줄 아는 책략가였기 때문이다. 또한 그는 사사로운 이익을 위해서 책략을 펼친 것이 아니라 천도(天道)를 위해서 책략을 펼쳤기 때문에 자신의 주인이었던 무왕이 왕업을 세우고 자신은 제나라의 시조가 될 수 있었다.

제2편

경쟁시대 천한들

++++

칠레의 한 동광이 파산했다. 동광소유주는 채무상환을 위하여
1500여 대의 새 차을 원가의 38%가격으로 경매한다는 것을 결정했다.
미국의 한 상인은 이 정보를 듣자마자 곧 전화로 구입의사를 밝혔다.
' 뛰는 놈 위에 나는 놈 있다 '고 홍콩의 왕광영은
그보다 한 발 앞서 계약을 체결하고 구매를 성사시켰다.
왕광엽은 성사의 관건은 시간이므로 속전속결의 스피트전을 감행한 것이다.

* * * *

비천할 수록
자신감을 가져야 한다

이가성은 어렸을 때 보잘것 없는 학도가 세일즈맨으로 되면서 부터 점차 발전하여 몇 년 후에는 어떻게 되어 중국에서 첫 번째의 갑부로 될 수 있었겠는가?

무릇 가난한 사람이든 부자이든 기회앞에서는 모두 평등하다. 다만 사고방식이 부동함에 따라 어떤 사람은 기회를 틀어 잡을 줄 알고 어떤 사람은 기회를 눈앞에 뻔히 보고서도 놓치는 것이다. 때문에 기회를 만나면 자신감을 갖고 자기의 지혜를 충분히 발휘하여 시세에 맞춰 행동을 대담하게 시행하기만 하면 마음 먹은 일을 성사시킬 수 있다.

이가성은 보잘것 없는 세일즈맨으로부터 자산이 무려 265억달러(2008년)가 되는 중국의 첫 번째 갑부로 되어 그는 자수성가하여 중국인으로서 세계에서 전기적 인물이 되었다.

이가성은 어렸을 때 생계의 핍박에 못이겨 초중을 중퇴하고 외삼촌이 경영하는 시계방에서 학도로 일했다. 그런 그가 17살 때는 시계방에서 나와 어는 한 철물 제조공장의 판매원으로 일했다. 그는 부지런히 일을 할 뿐만 아니라 무슨 일에서나 관찰하고 연구하기를 즐겨했기에 재빨리 철물 공장의 지배인으로 승진되었다.

1950년, 이가성은 시기에 대한 자신감을 갖고 평상시에 아껴 먹고 아껴 쓰면서 저축한 7000달러로 자기의 플라스틱공장을 창설하고 그 이름을 "장강 플라스틱공장"이라 하였다.

몇 년 후, 홍콩의 정세가 동요하고 불안하여 특히 홍콩의 부동산이 사람들의 예산밖으로 한 차례 또 한 차례씩 기복적인 변화가 아주 빠를 특색을 갖고 있었다.

이때 이가성은 독특한 혜안과 뛰어난 식견으로 한 편으로는 "장강공업유한회사"를 튼튼히 경영하여 계속 플라스틱 공업분야에서 수위를 차지하게 했으며 다른 한편으로는 당시 부동산업자들이 당시 시세로 최저가격으로 팔지 않으면 안될 땅들과 층집들을 최저가격으로 사들였다. 70년대 초반, 그때 사들인 땅과 층집들이 또 다시 값이 뛰어오르기 시작하였다. 이런 형세를 맞은 이가성은 크게 한몫을 쥐게 되어 일거에 당시 홍콩의 부동산 거두 왕영자 회사를 초과하였다.

이로부터 이가성은 시장형세에 맞춰 은행업, 석유업 등에 개입하기 시작하여 성공적으로 "장강실업집단"을 설립하였다.

****

한 농민의 기담

약점으로 자신의 궁한 운명을 개변시키는 사람은 일반인이 아니다. 많은 사람들은 약점앞에서 약점을 숨기고 약점을 도피한다. 그러나 약점에 직면하여 약점을 우세로 전환시키면 그 사람은 반드시 딴 사람으로 된다. 그렇지만 가장 중요한 것은 노력의 대가를 지불하지 않으면 안된다.

궁하면 변할 생각을 하게 된다. 빈궁에 시달리면서 농사를 짓던 노관구가 자기집 자류지의 묘목을 보증금으로 향진(면에 행당됨) 농기계 수리공장을 도맡은데로부터 어떻게 노력하여 끝내는 중국 향진기업의 영수식 인물로 될 수 있었겠는가?

노관구는 1945년 1월, 절강성 위진에서 출생하였는데 어렸을 때는 가정이 너무나 빈곤하여 초중도 졸업못하고 집에와서 농사를 지었다.

1983년, 노관구는 자기집 자류지(국가에서 배당해 준 땅)의 2만원에 해당되는 묘목을 보증금으로하고 향진의 농기계수리공장인 만향절창(萬向節廠)을 도맡아 경영을 하였다.

1988년 그는 1500만원으로 만향절창의 이름으로 주식을 사고 1990년, 그는 만향집당공사를 설립하고 집단화 발전을 시작하였다. 노관구는 정확히 시국을 판단하고 상업집행사업을 잘하기 위하여 경영전략을 조절하여 자동차 만향절 생산을 전업화 하는데 역량을 집중하였다. 그러나 마음먹은대로 만향절 전업화 생산이 잘 되지 않았다. 노관구는 고민에 쌓였다.

" '만향'의 관건문제는 기업 효익이 그닥 잫으며 발전속도도 그닥찮고 임직원의 수익도 높지 않은데 그것은 바로 핵심 실력이 강대하지 못하기 때문이다. 만일 어느날 '만향'이 무너지는 날이면 임직원 3800명을 어떻게 할 것인가?"

노관구는 매일 깊은 연못에 다다른듯, 살얼음을 밟는 듯한 심정으로 보내면서 시시각각으로 기업의 과거와 현실, 더욱이는 미래에 대해 생각하곤 하였다.

그는 성과 앞에서 다음 한발자욱을 어떻게 내 디뎌야 할 것인가에 대해 생각을 하고 기업의 과장됨을 멀리하고 튼튼한 사업기반을 실현해야 한다고 했다.

1990년, 노관구는 "대집단 전략, 소핵산체계, 자본식운행, 국제화 시장"의 전략방침을 제출하고 시국에 대해 정확히 판단하고 상업수단을 착실하게 운용하였다.

1993년 11월, 만향집단의 주식이 심수 증권거래소에 출시했다.

노관구는 제품의 경쟁력을 높이기 위하여 중국을 제조기지로 하고 미국에 국제시장 네트워크를 건립하여 수출, 부품매함, 수리업등 전지구적인 산업화를 형성하는 것이다.

수매한 전매기술을 통하여 중국의 제조능력을 제고시켜 제품의 질을 한층 더 높여 이것으로 수매한 회사의 원래 상표와 소매 경로를 서방시장에 진입시켜 점차적으로 "만향" 상표를 추진하는 것이였다.

1997년 8월, 만향집단에서 생산한 "만향제(萬向節)"는 정식으로 세계 자동차업에서 거두인 미국통·용자동차 회사에 진입하여 통·용자동차 부속품 제품으로 되였다.

만향집단의 현유 임직원은 만여 명이나 되고 총자산은 60여 억원이 된다.

노관구는 중국에서 제일 존경받는 제 1대기업의 지도자의 한 사람으로서 이름 없는 한 진(읍)의 농기계 수리공장으로부터 중국에서 최대 명기업으로 되는 과정은 바로 겨우 초중문화정도 밖에 안되는 노관중이가 세계 사람들에게 한 농민의 기담(奇談)이 된다.

가난의 굴레에서 벗어나는 비법

성공한 사람들 중 대다수는 0에서 시작할 줄 알고 무(無)에서 유(有)로 가는 길을 터득했기 때문이다. 아주 적은 자금으로 첫 걸음을 내디딜 때 어려움이 있게 되는데 만약 닭을 빌려 알 낳는 방법을 잘 운용하면 자기실력으로는 부족하지만 꼭 해결해야 하는 난제를 풀 수 있다.

가난의 굴레에 얽매여 있던 황씨가 바로 닭을 빌려 알을 낳게 할 줄 알았기에 큰 성공을 거둘 수 있었다.

1930년대, 황씨는 지긋지긋한 가난의 굴레에서 어떻게든 벗어나고 싶었다. 그래서 21살 때 그는 소주에 가면 돈을 많이 벌 수 있다는 소문을 듣고 그곳에 갔다. 막상 와보니 소주 역시 자네가 상상하던 천국은 아니었다.

그는 우선 생계를 이어가기 위해서 향과 초를 파는 가게에 잡역부로 취직을 했다. 가게 주인은 그와 같은 고향사람이었는데 가게에서는 주로 종이방추(紡錘)에 풀 바르는 일을 했다. 황씨는 그 가게에서 2년 동안 일하면서 기술을 익힌 황씨는 돈을 조금 모아 자기 가게를 차렸다. 해마다 음력 7월이 되면 오랜 정통에 따라 집집마다 종이방추를 태워 제사를 지냈는데 공급이 수요를 따라가지 못할 정도로 종이방추가 불티나게 팔렸다. 하지만 고작 한 달뿐. 평소에는 전혀 수지가 맞지 않는 장사였다. 그리하여 황씨는 예약판매방식을 도입하여 음력 7월 한 달만 판매했는데 소루의 종이방추 시장을 독점하다시피 했다. 하지만 1년에 한 번밖에 없는 일이라 만족스럽지 못했다. 뭔가 새로운 기회가 필요했다.

그러던 중, 우연잖게 상해에 갔다가 재봉틀을 할부로 판매한다는 소식을 접했다.

당시 소주의 신발공장들은 천으로 된 신발을 일일이 손바느질을 해서 만들었으므로 인력과 시간 낭비가 심했다. 황씨는 재봉틀이 있으면 일이 훨씬 수월하겠다는 생각이 들어 재봉틀을 구입해 소주로 가져왔다. 그리고 '신속한 납품'과 '저렴한 가격'을 내세워 신발공장들로부터 일거리를 받아 왔다.

신발은 1년 내내 없어서는 안 되는 생필품이기에 황씨는 일거리가 줄어들지 않아서 짭짤한 수입을 올렸다. 이로써 더욱더 자신감을 얻게 된 그는 옷과 모자 가공분야로 사업을 확장했다. 황씨는 자금이 좀 모이게 되자 신발과 옷, 모자를 종합적으로 생산하는 공장을 세웠다. 이로 인하여 황씨는 소주와 노주로 자주 오가다 보니 여관업에도 흥미를 갖게 되었다.

그러나 여관을 지으려면 많은 자금이 필요했다. 하지만 황씨는 이미 닭을 빌려 알 낳는 재미를 맛본 그는 즉시 자기 계획을 행동으로 옮겼다.

그는 평소 자기가 단골로 머물던 여관을 빌려 경영하면서 직원들에게 새로운 서비스정신을 갖출 것을 요구하고 시설도 새롭게 정비했다.

여관에 들어서면 작은 문방구에는 달력, 열차와 여객선 시간표, 관광

안내지도 같은 것도 구비되어 있어서 손님들의 발길이 끊이지 않았다.

그렇게 몇 해 지나지 않아 황씨는 그 여관을 사버렸을 뿐만아니라 번화가에 중소형 여관을 몇 개 더 확보함으로써 소주에서 최고 숙박업자가 되었다.

* * * *

현실을 직시하고
대담하게 시행하다

시장의 풍운을 장악하기란 사실 어려운 일이다.

첫 시작한 일이 잘되어 나간다하여 장차 모든 일이 순풍에 돛단격으로 순리롭게 나아가는 것은 아니다. 우리의 앞을 가로막는 장애는 구체적인 곤란이 아니다.

흔히는 마음속으로부터 산생되는 곤란에 대하 두려움인 것이다.

그러므로 반드시 현실을 직시하고 대담하게 시행해 보는데서 새로운 것을 발견하고 새로운 성취가 있게 된다. 24세인 고덕강이 처음은 매일 자전거를 타고 농촌으로부터 상해로 왕복하면서 남의 옷감을 가공하여 주던데로부터 어려운 역경속에서도 끈질기게 노력한 보람으로 끝내는 세계스타 상표를 창출해 냈다

1976년, 24세인 고덕강은 몇 농민과 함께 자그마한 재봉조를 설립하여 상해에 있는 한 복장공장의 옷감을 가져다가 가공해 주는것으로부터 돈을 벌기 시작했다. 고덕강은 매일 자전거를 타고 고향 농촌으로부터 상해로 왕복하면서 원단을 구매하고 제품을 보내곤 하였다.

1984년, 고덕강은 상해 어느 한 상표인 다운재킷을 가공하기 시작하여

1990년에는 150만원을 들여 제 2동 옷공장과 사무실용 층집을 지었다. 그리고 자기의 기업이 성공의 길을 걷게 하는 관건적인 결책을 내오고 정식으로 "퍼스덩"이란 상표를 등록하고 대량으로 생산하기 시작하였는데 그 상표가 시장에 진입하자 빠른 속도로 판매량이 치솟아 전 중국의 일류 상표로 두각을 드러나게 되었고 1998년에는 세계 스타상표로 되었으며 2006년에는 이미 연속적으로 12년간 소매량이 전국적으로 앞장서서 중국 방한 복장시장의 절반을 차지하게 되었다. 시장의 풍운을 장악하기란 사실 어려운 일이다. 첫 시작한 일이 잘 되어 나간다고 하여 장차 모든 일이 순풍에 돛단격으로 순리롭게 나아가는 것은 아니다.

1994년, 고덕강이 생산한 "퍼스덩" 상표가 금방시장에 진입하자 24만 견지의 다운재킷이 겨울이 다 지나가게 되었는데도 겨우 10만 견지 밖에 팔려나가지 못해 은행 800만원의 대금을 갚지 못해 은행 독촉이 이만저만이 아니었다. 당시 그는 층집에서 뛰어 내릴 그런 심정이 한두번이 아니었다. 그러나 그는 앉아서 죽기만을 기다릴 수는 없었다. 고덕강은 새로운 결심을 가지고 친히 동북시장을 고찰하고 제품에 대해 세심히 연구하여 그 병집을 찾아냈다. 즉 "퍼스덩"의 겉면과 양식등이 북방인이 체형과 그들의 심리요구에 맞지 않았다. 그는 즉시 제품에 대한 한 차례의 개혁을 실시한 다음 새로운 제품을 다시 시장에 내놓았다. 개혁한 새 제품이 시장에 나가자마자 "퍼스덩" 다운재킷은 날개가 돋친듯이 팔려나갔다.

****

쌀가게 견습생의 경쟁심

왕영경(王永慶1917-)대만 대북 가난한 찻잎
장사꾼의 집에서 태여났다. 아버지는 몸이 약하고 병치레를 많이 해 가족
생계는 어머니가 짓는 농사로 겨우 유지해 나갔다. 찢어지듯 가난한 그들 가
족은 바람과 비를 겨우 막을 수 있는 초가 집에서 살았다. 15살에 소학교를
졸업하고 가난 때문에 진학할 수 없게 되어 초라한 행장을 둘러메고 집을 떠
나 가의의 한 쌀가게에서 견습생으로 일했다.

왕영경은 16살 나던 해에 아버지가 이웃에게서 꿔온 200원을 밑천으
로 혼자 작은 쌀가게를 차렸다.

가게를 시작했을 무렵, 어려움은 말할 수 없었다. 동네 주민들은 기존
에 있던 쌀가게와 거래했기 때문에 그 사이를 비집고 들어간다는 것은
쉽지가 않았다.

하지만 왕영경은 희망을 버리지 않고 이를 악물고 집집마다 찾아 다니
며 쌀을 팔았다. 그는 쌀의 이물질을 하나도 남김없이 골라내고 한밤중
이라도 쏟아지는 비를 무릅쓰고 쌀을 배달하여 고객의 요구에 부응하였

다. 시간이 지날 수록 그의 쌀가게에 대한 인식이 좋아져 주민들의 신임을 얻게 되고 그에 따라 장사도 점차 호전되었다.

쌀가게가 자리를 잡게 되자 그는 정미소를 차렸다. 당시 그의 정미소보다 좋은 정미소가 바로 옆에 위치해 있었다. 그는 경쟁에서 이기기 위해 하루에 16, 17시간씩 일해 옆집 정미소를 이길 수 있었다.

그후 그는 또 다시 벽돌공장을 세웠다. 항일전쟁 기간에 그의 쌀가게가 일본군의 폭격에 의해 파괴되었으나 그는 규모가 더 큰 쌀가게를 열었다.

항일전쟁이 끝난후 왕영경은 목재시장에 진출했다. 50년대에 접어 들면서 대만의 건설업이 호황을 누리자 목재 가격이 급격히 올랐고 그에 따라 왕영경은 일약 소상인으로부터 대상인으로 탈바꿈하게 되었다. 당시 대만은 자원이 부족하였고 그에 따라 많은 원재료는 수입에 의존하였는데 플라스틱 원료도 그 중 하나였다. 왕영경은 여러 상인들과 함께 자금을 모아 염화에틸렌 공장을 세웠다.

이런 투자는 당시 대만 상황을 감안한다면 엄청난 모험이었다.

한 화학자는 왕영경이 파산 선고를 받을것이라고 예언하기도 하였는데 그이 예언대로 공장이 앞날은 막막하기만 하였다.

일본산 플라스틱 원료가 대만시장에 물밀듯이 유입되고 있었지만 대만의 플라스틱 가공업은 아직 성숙되지 못하였다. 이런 상황에서 왕영경의 대만소교공업주식유한공사의 염화에틸렌에 관심을 갖는 사람은 거의 없었다. 낙심한 일부 주주들은 주식을 투매하였다. 이리하여 사업 중단의 위기에 처하게 되었지만 왕영경은 물러서지 않았다. 그는 자신의 모든 재산을 처분해 대소의 주식들을 전부 사들이고 단독으로 경영에 나섰다.

회사를 장악하자 그는 두가지 조치를 취했다. 하나는 생산량을 증가시키는 동시에 질을 제고시켰고 70만 달러를 투자하여 설비를 갱신한 것이었다. 즉, 높은 품질의 제품을 낮은 가격에 공급하여 판로를 개척하고자 한 것이다.

다음으로 그는 1958년에 남아소교가공주식회사를 설립했다. 대만소교공업주식유한공사에서 생산되는 염화에틸렌을 이용하여 여러가지 플라스틱 제품을 직접 생상함으로써 일석이조의 효과를 노린 것이었다.

동시에 그는 투자 다각화를 진행하고저 1962년에는 신무목업 유한공사를 설립하였다. 설립당시에는 3개의 생산 라인밖에 없었으나 20년이 지난후 5개의 공장을 갖게 되었다.

1968년, 그는 조양목업유한공사를 대만소교공업주식유한공사에 편입시켰다.

왕영경은 방직업에도 적극적으로 진출하였다. 1964년, 그는 대만화학섬유주식유한공사를 설립하고 창화에 물레 - 인견 - 방직가공의 일괄 공정을 완비한 공장을 건설하여 목재 가공 과정에서 나오는 폐기물로 섬유를 제조하였다.

1968년, 그는 일본 회사와 손잡고 대욱섬유공업유한회사를 설립하였다. 공장은 의란에 위치하였고 공장에서는 아크릴 섬유사를 생산하였다.

1973년과 1978년, 두 차례에 걸쳐 찾아온 세계적인 석유위기로 왕영경 그룹은 큰 타격을 받아 재기가 불투명해 졌다. 그때 왕영경은 해외에 공장을 설립하여 공급처를 확고히 하는 방안을 떠올렸다. 1978년, 왕영경은 미국의 공장을 구매하였다. 1980년에는 다시 ICI 소유의 텍사스주 공장을 대거 인수하여 14개에 달하는 미국공장을 소유하게 되었다. 적자를 내는 회사도 그는 과감히 사들였는데 그가 인수한 후에는 대부분 흑자로 전환되었다.

80년대 말에 이르자 왕영경은 미국에서 1700여 명의 직원을 고용하고 있었으며 연간 총 수입이 6.3억 달러에 달했다.

1988년 9월, 대만소교공업주식유한공사는 또 미국 기업인 켈로그와 협약을 체결하고 미국 텍사스주에 원유 분해 공장 및 관련 공장을 설립하였다. 이 공장의 에틸렌 생산량은 68만 톤에 달하였는데 당시 세계적으로 규모가 가장 큰 공장의 하나였다.

현재 왕영경 그룹은 미국에서 석유화학공업 네트워크를 형성하고 있으며 가스정으로부터 원유 분해 공장에 이르기까지 완벽한 수직적 체계를 형성하고 있다.

애초 미국인들은 왕영경을 경시하면서 그의 기업을 실험실 규모라고 비웃었으나 현재의 에틸렌 생산량은 세계 제일을 뽐내고 있다. 게다가 더욱 자랑할 만한 것은 미국에 자신만의 영토를 이룩했다는 것이다.

1984년, 왕영경은 이미 대만 내 각 지역에 40여개의 공장을 소유하고 있는데 그 면적은 80여 헥타르에 달한다. 취급 업종으로는 플라스틱. 방직. 목재. 광석. 시멘트. 전자등이다.

대만내에서 왕영경 그룹은 500대 민간 기업중 수위 자리를 13년간이나 차지하였으며 세계 500대 제조업체 가운데는 202위를 차지하고 있다.

왕영경이 이끄는 그룹은 수출을 위주로하고 있으며 시장들로는 홍콩, 동남아, 호주, 유럽, 북미, 동남아 등 지역이다. 그룹의 수출액은 비약적으로 성장해 1987년은 15.48억 달러에 달했다. 왕영경 그룹의 대외 업무의 중요 부분은 신기술 도입과 해외투자이다. 그 외에 제품의 품질을 개선하거나 신제품 개발을 위해 국외 기업과 합작하기도 하고 외국 기업의 특허를 도입하기도 한다.

한편 인재양성을 위해 왕영경은 1964년 명지공업전문학교를 설립하고 화학공학, 전자공학, 공업관리, 공업설계 등의 전공을 개설하고 실습공장까지 세웠다.

1976년, 그는 장경기념병원을 설립하고 1500개 병상을 마련 하였으며 그 후에는 고웅과 기륭에 분원을 건립하였다. 그의 부친과 남동생이 질병 때문에 일찍 세상을 하직하였기에 그는 병원 경영에 심혈을 기울여 시민들에게 양질의 의료봉사를 제공하고 있다.

1986년, 추계에 따르면 왕영경 그룹 3개 상장회사 시가 총액은 57억 달러에 달하고 왕씨가족이 소유한 총 자산가치는 약 23억 달러에 달하였다.

억만 장자이자 에틸렌 생산량 세계 1위를 차지한 왕영경은 이렇게 가장 밑바닥에서 시작해 세계 굴지의 기업인으로 성장하게 되었다.

부모였던 그가
남자의 세계를 창조

증헌재(曾獻才 1934-) 광동성 매현의 가난한 가정에서 태여났다. 중학교 시절부터 대학에 이르기까지 줄곧 장학금에 의지해 공부했다.

1968년 그는 홍콩으로가 모진 생활고로 남의 집 보모로 들어가 아이를 돌보면서 돈을 벌었다. 그는 틈만 나면 홍콩의 상업계 및 시장 상황을 연구하였을 뿐만아니라 성공한 창업자들의 경영관리 방식을 학습했다. 그렇게 실업계를 오랫동안 연구한 끝에 그는 넥타이 공장을 세우겠다는 목표를 확고히 하였다.

당시 홍콩의 의류업은 매우 발달한 상태였다. 홍콩에서는 "양복 차림으로 담배꽁초 줍는다"는 말이 유행할 정도로 거지들 까지도 양복을 입고 다닐 만큼 홍콩에는 양복이 흔했던 것이다. 수많은 홍콩의 남자들은 거의 모두 양복을 몇 벌씩 차려입고 다녔는데 그에 어울리는 넥타이 공장이 없음을 증헌재는 알게 되었다. 그리하여 넥타이를 만들 것을 결심했다.

그때 증헌재의 수중에는 6000천 불밖에 없었고 집에는 늙으신 어머니, 아내, 어린아이가 셋이나 딸려 있어 생활비만도 큰 부담이었다. 하지만 그는 이를 악물고 세 들어 살던 집도 공장으로 사용하며 넥타이를 만들기 시작하였다.

처음에 증헌재는 값싼 넥타이를 만들어 저렴한 가격으로 판매할 계획을 세웠다. 넥타이 하나당 도매가를 58달러로 하면 원가 38 달러를 제하고도 이익이 28 달러였던 것이다.

그러나 상점주인들이 한사코 싼값을 고집하는 바람에 생각대로 되지 않았다.

그리하여 증헌재는 고급 넥타이를 만들리라 결심했다. 그는 외국산 고급 넥타이 4개를 사서 그것을 하나하나 해부하면서 제작과정을 세밀하게 연구하였다. 그런 과정을 거쳐 샘플과 똑같은 넥타이를 4개를 만들어 냈다. 자기가 만든 넥타이와 외국제를 함께 전문가에게 감별시켰더니 전문가 조차도 어쩔줄을 몰라하며 구분을 못하는 것이었다. 그만큼 그의 넥타이가 소재면에서나 디자인 면에서 일류급에 도달했음을 증명하는 것이 되었다.

증헌재는 미칠듯이 기뻤다. 당장이라도 큰 부자가 된 듯한 느낌이었다. 그는 대뜸 목돈을 빌려 소재들을 사들이고 대량으로 넥타이를 만들었다. 하지만 뜻밖에도 상점들에서는 그의 넥타이 품질을 믿으려 하지 않았고 따라서 구입하려고도 하지 않았다. 앞길이 막막해진 증헌재는 이를 악물었다. 그는 손수 넥타이 4개를 만들어 번화가에 위치한 서홍백화점을 찾아가 가장 눈에 잘 띄는 곳에 진열해 놓고 고객들이 절로 선택하게 했다.

그는 거기서 한푼의 돈도 벌려고 하지 않았다.

생각외로 그의 넥타이는 인기를 끌어 고객들이 색감이며 무늬, 디자인이 맘에 든다면서 너도나도 다투어 사갔다.

증헌재는 기쁜 나머지 소리라도 지르고 싶었다. 이때로부터 그는 상품의 질이 고급이라야 경쟁력이 있다는 점을 확신하게 되었다.

1970년, 증헌재는 금이래(金利來)원동유한공사를 설립하고 "금 이래" 브랜드의 넥타이를 생산하기 위해 구룡만에 대규모 공장을 세우고 자신의 마음속 염원을 실현하기 위한 노력을 경주하였다. 한편 증헌재는 프랑스. 서독, 스위스, 이태리, 오스트리아 등 선진국의 유명 상표 넥타이 공장을 찾아다니며 우수한 것을 배우고 선진설비를 도입하여 금이래 제품의 명성과 품질을 향상시켰다. 하지만 모든 것이 순풍에 돛단 격은 아니었다.

1974년, 세계 경제가 불황을 맞으면서 많은 넥타이 공장들은 값을 대폭 낮추거나 넥타이 생산에서 손을 떼었다. 곤경에 처한 증헌재는 남과 전혀 다른 전략을 수립하였고 큰 모험을 감행하기로 하였다. 넥타이의 품질과 가격을 한 단계 올려 놓기로 하였다. 이 전략은 적중하여 경제 위기가 지나자 금이래는 시장에서 단연 으뜸 브랜드로 자리를 존하게 되었다.

1970년부터 1989년에 이르기까지 홍콩의 넥타이 가격은 거의 10배로 뛰었다. 생활 수준이 날로 향상함에 따라 소비자들의 구매력 또한 증대되었다. 또 유행이 바뀌곤 하면서 넥타이 업종은 호황을 맞아 큰 수익을 올리게 되었다. 금이래유한공사는 해마다 30% 이상의 성장율을 나타냈다.

기업에서 성공한 사람은 누구나 심혈을 기울이고 지혜를 짜내게 된다. 운으로 성공한 사람은 드물고 무턱대고 경영을 하여서는 더구나 성공할 수없다.

증헌재는 자기의 성공담을 이렇게 말하고 있다.

첫째 : 경영관리에서 보고, 생각하고 실행하는 것이고 또한, 빨리 설계하고 빨리 제작하고 빨리 생산에 투입하고 빨리 시장에 내놓는 것이다.

둘째 : 원자재 공급원을 통제하는 것이다. 이것은 누구나 다 할 수있는 일이 아니라, 실력이 없는 상대에게 총 공급전을 줄 리 만무하다. 이 전략은 창업 초기는 불가능 하기에 반드시 시기가 성숙되기를 기다려 채택해야 한다.

셋째 : "상품보다 광고가 선행해야 한다"는 증헌재의 광고철학이다. 천둥소리만 들리고 비는 내리지 않으면 사람들의 호기심은 날로 커진다는 것이다."

현재 금이래유한공사의 규모는 동남아시아에서 최고로 넥타이 비단제품, 피혁제품 등 8개 상품을 생산하는 대기업으로 성장하였다.

일본을 제외한 아시아 여러나라의 넥타이 및 넥타이 기계설비는 모두 증헌재가 맡고 있다.

"금이래 넥타이, 남자의 세계!"라는 광고는 홍콩, 대만 동남아 지역에 울려 퍼지고 있다.

"이슬이 따라와 오늘 밤을 밝히니.

저달이 고향을 비추는구나."

증헌재는 두보의 이 시구를 가장 즐겨 읊곤하였다.

증헌재는 억만장자가 된 후 고향 발전을 위해 해마다 50만원 이상의 자금을 고향건설을 위해 지원하고 있다.

"나를 키워주고 교육받게한 조국과 고향을 결코 잊지 않을 것이다. 나의 재산이 아무리 많을지라도 나의 후대에게 물려주지 않겠다. 모두 나라에 공헌할 것이다."

말그대로 그는 1986년 2월, 2000만원에 달하는 자금을 나라에 기부하였다

"사람의 생명은 너무나 짧다. 이 유한한 생명을 사회를 위한 유익한 사업에 바쳐야 한다."

이 말은 증헌재의 좌우명이다.

* * * *
12살에 자립하여
운명을 개변시키다

속담에 젊어서 고생은 사서 하랬다고 세상과 접촉하고 세상 풍파를 겪는 데서 젊음은 단련 성장되어 점차 뜻을 이루게 된다.

생활의 출발점이 어떠하든지 간에 그것을 원망하지 말아야 한다. 생활은 누구에게나 공평하기 때문에 만약 원망을 하게 되면 자신을 잃게 되는데서 자립 능력을 배울 수 없어 자신의 미래를 개척해 나갈 수 없게 된다.

굶주림에 시달렸던 12 살의 여지영은 어떻게 사회와 접촉하여 자립능력을 키워 자신의 불운한 운명을 개변시켰는가?

여지영은 광주에서 출생하여 어렸을 때는 가정 생활이 너무도 빈곤하여 늘 굶주린 배를 움켜쥐고 거리로 헤매지 않으면 안되었다.

하루는 홍콩 손님의 짐을 날랐는데 그는 품값을 주지 않고 그 대신 초콜릿 한 조각을 주었다. 여지영은 그것을 종래로 보지도 먹어 보지도 못한 것이었다. 그것을 입에 넣는 순간 천하에 이보다 더 달고 맛있는 것이 있을 것 같지 않았다. 이것은 홍콩사람이 가져온 것이기에 홍콩은 초콜릿 처럼 달고 홍콩은 천당이라고 생각한 그는 꼭 홍콩으로 갈 것을 결심했다.

여지영은 12살 나던 해 몰래 홍콩으로 건너가 거기에서 동공으로 일했다.

처음 무심중 무엇을 배우려 했는데 마침 좋게 보이는 어떤 한 사람이 일깨워 주는 바람에 공부를 하기 시작했다.

그 후로 그는 부지런히 공부를 하는 한편 소매경리를 하게 되었고 점차적으로 돈이 모이게 되자 주식시장에 뛰어들어 주식을 샀고 주식을 거래하는 과정에서 운이 좋아서인지 적지 않은 자금이 모아졌다. 그리하여 그는 맨 처음으로 홍콩에다 GLORDANO란 패션가게를 개설하였다. 1990년은 ≪일주간≫이란 잡지를 발간하였으며 1995년에는 ≪핑귀일보≫를 발간하였는데 거칠고 속된 소식과 정치 경제 소식을 합병하여 발행한 결과 독자들이 많이 증가하였다. 마치 영국에서 판매량이 매우 높은 팔괴신문처럼 그렇게 꾸렸던 것이다.

여지영은 줄곧 20여 년간 분투하여 1995년 바이러민의 성공적인 출시로 말미암아 그의 몸값은 12억 달러로 되었다.

여지영은 어렸을때 가정이 풍비박산이 되고 생활이 극히 빈궁한 처지에서 뜻을 이루지 못한 불운한 운명을 꼭 개변시켜야 하겠다는 강렬한 욕망을 가지고 돈을 벌수 있는 기회를 틀어 잡은 것이 그가 성공적으로 재부를 축적할 수 있는 관건이 되었고 뿐만아니라 그를 자립, 자강하게 했다.

* * * *

절망을 딛고 일어선 거부

유영호(劉永好 1951년-) 사천성 신진현에서 출생.

가정형편이 너무 어려워 20 살이 될 때까지 신 한 컬레를 신어보지 못했다.

1982년 유영호는 형제와 함께 폐철, 손목시계, 자전거, 흑백텔레비전을 다 팔아 모은 돈 1000원을 가지고 자그마한 우량종 기지를 설치하고 전문적으로 병아리와 메추라기를 부화했다.

그러나 몇 년 동안 몇 차례의 위험을 겪다보니 그들은 절망에 빠졌다. 그러나 "계속하자"는 결심으로 이를 악물고 계속했다. 그리하여 지금은 중국민생은행의 제 1 주주로 되었다.

유영호는 스무 살이 될 때까지 신 한 컬레를 신어보지 못하는 궁핍한 생활을 하였다. 정말 이렇게만 살다가는 늙어 죽을 때까지 변변한 신 한 컬레 신어보지 못하고 이모양대로 죽지 않겠나하는 생각이 새삼스럽게 마음을 괴롭히고 있었다.

1982년, 30이 된 그는 형제 넷과 함께 폐철, 손목시계, 자전거, 흑백텔레비전 등을 팔아 모은 돈 1000원을 가지고 그들 형제는 자그마한 우량종 기지를 설치하고 전문적으로 병아리, 메추라기를 부화했다. 그런데 그

나마 잘 안되어 몇 차례의 실패를 겪다보니 그의 절망은 이만저만이 아니었다. 하여 그들 형제는 어디론가 도망을 치든가 아니면 죽어버리자고 하였다. 그러나 그것도 맘먹은대로 되어주지 않았다. 그리하여 그들 형제는 결국 "계속하자"는 결론을 내리고 이를 악물고 계속 하던 일을 하였다. 점차적으로 일이 잘 되어가자 그들 형제는 "신희망집단공사"를 설립하였다.

1992년, 유영호 형제들은 자금이 얼마 있게 되자 즉시 전국 제1민영기업집단으로 이름을 고치고 대군단 작전을 실시하였다.

그들 집단은 사천을 나와 선후로 상해, 강서, 안휘, 운남, 내몽골등 20여 개의 성. 시. 자치구에서 국유기업, 집체기업, 외자기업등 광범위하게 합작하여 신속하게 전국 시장을 개척하였다.

1998년, 유영호 집단은 자기의 부동산 회사를 건립하고 성도에서 418 무의 땅을 구입하여 규모를 갖춘 부동산업을 개발하여 크게 성공하였다.

2000년 11월, 그들 형제는 민생은행에 출시하여 각각 사천 신희망 농업주식유한회사와 사천 남방회망유한회사의 명의로 민생은행 주식을 20300만 주를 가지게 되어 민생은행 총주식의 12%를 차지하게 되었다.

유영호는 자신의 발전에 대하여 이렇게 말하였다.

"우리의 부유와 발전은 중국의 개혁개방 정책 때문이다.

이것 역시 우리가 무엇 때문에 사회적 책임감이 있어야 하고 실업자를 배려해야 하고 경제가 낙후한 지구를 관심해야 하는 원인을 알게 될 것이다. 신희망의 발전은 국가의 거시적인 경제 발전 배경의 지지를 제외하고 모든 임직원과 우리 형제들이 적지 않은 공헌을 했기 때문이다. 그러나 우리 집단은 아직 발전단계에 있다.

중국의 기업과 기업가, 국제적 기업과 기업가와 비교할 때 아직 거리가 매우 크다. 만약 국제수준에 도달하려면 우리는 상당히 먼 길을 걸어야 한다."

유영호는 농업도 했고 부동산 투자도 했고 또 금융업에도 뛰어들었다.

그는 "사료대왕", "부동산 거두", "금융악어"등의 미명을 가졌지만 그는 독특한 자기의 견해를 가지고 있었다.

"우리는 먹는 문제를 틀어쥐고 발전기회를 얻었다. 지금 먹는것을 해결하고 집문제가 일상 화제로 올랐다. 13억 인구 특히 도시 인구의 거주문제는 이미 여러방면으로부터 중시하게 되었고 또한 이것이 중국의 큰 시장이 되었다. 금융 투자는 높은 층차의 투자이다. 우리가 금융에 투자하게 된 것은 사료업과 농산품을 기호로 했기 때문이었다."

지금 적지 않은 기업인들은 기업의 다원화의 길을 걷고자 업무를 떠나 투자를 하게 된다. 유영호는 자신의 경험에 의해 이렇게 말하였다.

"옛말에 '남자는 잘못 들어가는 것을 두려워 한다' 말처럼 한 업무에 대해 요해하고 한 업무를 성공시킨다는것은 다른 한 업무도 이해하고 성공할 수 있다는 것을 의미하지 않는다. 그것은 새로운 업무에 대한 요해와 발전방향을 쉽게 장악할 수 없으며 또한 그리 높은 업무 소질을 구비 못한 점이 있기 때문에 업무를 뛰어 넘어 새로운 업무를 경영한다는 것은 그리 쉽지가 않다 때문에 새로운 항목에 대해 확립했다면 비판적 론증을 진행해야 투자의 실책 확률을 감소시킬 수 있다."

유영호가 이끄는 신희망 집단은 현재 임직원이 15000여 명에 90여개의 기업이 있는데 주로 사료, 유업, 육식품 가공, 부동산, 금융, 투자, 기초화학공업, 현대상업무역, 물류 등을 망과하고 있을 뿐만 아니라 동남아에 3개의 생산형 기업이 있다.

2002년, 신희망집단의 생산치가 42억원에 이르러 중국민생은행의 제 1 주주로 되었으며 중국민생보험의 주요 주주로 되었다.

유영호는 늘 이렇게 말하고 있다.

"재부은 과정이지 목적이 아니다. 사람은 최종적으로 가서는 죽게 마련이다.

사람들이 소유하고 있는 재부는 재부를 창조하는 과정에서 얻는 즐거움보다 훨씬 못하다."

비참한 운명에 도전한 곽영동

곽영동(藿榮董 1922- ?) 홍콩의 한 가난한 어민의 가정에서 태여났다. 7살 나던 해에 아버지는 폭풍을 만나 익사하고 사고로 두 형님마저 잃었다. 어머니는 그와 아홉 살, 다섯 살 어린 여동생을 데리고 낡은 쪽배에 몸을 싣고 표류하며 살았다. 어머니는 낮에는 부두에서 석탄을 만지고 저녁에는 남의 집 삯바느질로 밤을 세웠다. 그러면서도 어머니는 아들을 공부시키기에 게을리 하지 않았다.

18살이 되던 해 곽영동은 집안 형편을 고려하여 하던 공부를 포기하고 사회에 발을 들여 놓았다.

처음 한 일은 기선에 석탄을 퍼 넣는 일이었다. 그 후에는 일본인의 공항 확장 공사 현장에서 날품을 팔았다. 하루 70전의 품삯에 죽 한 사발, 옥수수떡 한 조각이 전부였으므로 늘 굶주림에 시달렸다.

어느 날의 일이었다. 현기증이 일어 눈앞이 아찔해지면서 기름통에 깔려 손가락이 잘려 나가고 말았다. 그를 안타깝게 여긴 책임자는 화물차 수리 업무를 맡겼다. 그러자 그는 운전 기술을 배우고 싶었다. 한 번은 트럭에 올라 운전을 하다가 고장난 트럭이 미끄러지는 바람에 다른 화물차를 들이 박아 해고 당하고 말았다.

곽영동은 다시 배에 올라 잡부로 일하였다. 24살에 결혼하여 아들 딸을 둔 그는 생활을 꾸려나가는 데도 기진맥진했다. 그는 평생을 그렇게 살아가고 싶지 않았다. 그는 자신의 운명에 도전해 보기로 결심했다.

항일 전쟁 승리후 곽영동은 홍콩의 잉여물자들을 재활용할 가능성을 찾아 보았다. 하지만 밑천이 없었다. 그는 친구들을 설득하여 자금을 마련하고 낡은 소형 선박과 기계들을 수리하여 다시 팔아 차액을 남겼다. 이런 방법으로 다소의 수입을 얻었다.

곽영동은 작은 수익만을 올리며 사는 것에 만족할 수 없었다.

그는 안정된 사업을 벌이기로 결심하였다.

1950년대 한국전쟁이 발발하자 그는 선박운송업의 미래를 밝게 보았다. 기회를 잡은 그는 합자를 통해 선박 운송 업무를 시작하였다. 점차적으로 홍콩의 선박운송업계에서 두각을 나타내기 시작한 그는 잇따라 부동산업에 진출하여 억만장자의 위치에 올랐다.

곽영동은 항상 이렇게 말하곤 한다.

"성공을 위해서는 안목을 넓히고 기회를 놓치지 말며 백절불굴의 정신으로 창업에 임해야 한다. 이렇게 하면 95%는 성공에 다가가게 된다."

60대 초 홍콩의 경제계 인사들은 모래 채취업에 대해서 검토조차 못하였다. 이 사업은 엄청난 노동력을 필요로 해 대규모 투자를 해야 하지만 이익은 적을 뿐더러 자칫하면 파산할 위험도 컸다. 그러나 곽영동은 대담하게 이 사업에 도전했다.

1961년, 곽영동는 타이에서 홍콩 돈 120만원을 지불하고 188미터, 적재

량 2890톤의 준설선을 사들이고 '유영4호'라 명명하였다. 이 선박을 몰고 홍콩에 도착하였을 때 주위 사람들은 모두 깜짝 놀랐다. 이후 이 선박은 곽씨의 채금선으로 변모하였지만 곽영동은 해외로부터 모래 채취용 선박들을 계속 주문하였다. 2년후 그는 80여 철의 선박과 모래 채취선 20여 척을 소유하게 되었다. 그리하여 홍콩의 바다모래 채취업을 독점하였다.

장사는 대담하기만 해서 되는 것도 아니다. 능력이 있어야 한다. 그의 모래 채취업을 보면 선진 설비로 낙후한 수공과정을 대체함으로써 사업의 난점을 해결한 것이다. 이것이 바로 능력이다.

일찍 곽영동은 50년대에 부동산업을 통해 그의 능력을 과시하였다. 1954년 리모델링 사업을 하면서 '선 분양 후 시공' 방법을 채택하였다. 이 방법은 그에게 커다란 수익을 가져다 주었다. 이것이 곧 남이 못하는 일을 내가 해낸다는 법칙이 가져다 준 경제 효과였다. 그리하여 60년대 중반 홍콩의 부동산업이 침체기에 들어섰지만 곽씨의 모래 채취업은 타격을 받지 않았다.

1979년 7월, 광동지역에 고급호텔이 부족하여 해외 방문객을 받아들이는 데 어려움이 많음을 본 곽영동은 광동성 정부에 고급호텔 신축을 제의하고 2억원을 투자하여 34층 짜리 백조 호텔을 건설하였다.

날개를 펼쳐 유유히 나는 듯한 호텔은 설계가 독특하고 조형이 특이하며 장치가 화려하여 곽영동이 대륙에 투자한 것 가운데 최대의 걸작으로 평가받았다.

백조호텔은 개관 7년 만에 2.5억여 원에 달하는 수익을 올렸고 미국 대통령 부시 등 23개국 원수와 지도자를 맞이하였다. 이 호텔은 세계 일류 호텔 평가회의의 회원국이 되었고 국가관광국으로부터 5성급 관광호텔로 인정 받았다. 동시에 그는 북경에도 북경반점 귀빈루를 건설하였다. 곽영동이 대륙에 투자하여 건설한 호텔들은 모두 대륙인들이 직접 관리하도록 하고 외국인을 초빙하지 않는 특색을 갖고 있다.

"우리 중국 사람이 능히 잘할 수 있는 일을 왜 돈을 퍼 주며 외국인을 청합니까? 중국사람은 절대 외국인들에게 뒤지지 않습니다.

중국사람들은 자신을 비하할 필요가 절대 없습니다. "

곽영동의 격려를 받은 관리자들은 훌륭한 성과를 거둘 수 있었다.

사업에서 크게 성공한 곽영동이지만 자기의 고향과 조국을 잊은 적이 하루도 없었다. 그는 늘 "나의 돈은 절대로 자손들에게 물려 주지 않는다. 나라의 발전을 위해 전부 바치겠다."고 말하였다.

1984년, 곽영동은 홍콩 돈 10억 불을 출연하여 곽영동 기금을 설립하였다. 기금의 지불예산표에는 고향 발전과 교육 , 문화 , 위생 사업등 40여 가지가 열거되어 있다.

사업 성공에 필요한 요소는 많고많지만 가장 중요한 것은 개인의 끊임없는 노력이다.

* * * *

열두 살에 누에콩 장사를
시작한 조남산

조남산(趙南山 1850 - ?) 무창의 한 가난한 가정에서 태여났다. 아버지가
사고로 사망한 후 어머니와 두 동생 그리고 그는 고생스럽게 생활을 연명해
야 했는데 아침에 저녁을 보장할 수 없는 생활을 해야 했다. 그리하여 조남산
은 서당을 2년 밖에 다니지 못했다. 그런 그가 어떻게 하여 중국에서 빛나는
명성을 쌓은 상인이 되었을까?

그때 생계를 이어갈 방법이 없게 되자 어머니는 옆집에서 돈을 빌려
누에콩 몇 되를 사서 볶은 다음 겨우 열두 살 먹은 조남산에게 광주리를
메고 거리에 나가 팔도록 하였다.

조남산은 비록 나이는 어렸지만 서당을 2년 다녔기 때문에 항상 정성
으로써 거래를 성사시키려고 노력하였다. 그는 누에콩을 팔 때 보통 노
점상들처럼 되로 양을 달아 팔면서 손해를 볼까 봐 콩 한알이라도 다투
는 식으로 장사하지 않았다.

그는 손으로 덥석덥석 집어서 주는 박리다매의 방식을 취함으로써 널
리 고객들의 신임을 얻었다. 조남산은 돈이 좀 생기면 마른 과일과 생과

일 장사도 하기 시작하였다. 그는 장사를 하면서 정성으로써 사람을 대하였고 항상 고객을 속이지 않았기 때문에 그가 무엇을 팔든지 고객들은 모두 그에게서 물건을 사는 것을 좋아하였다. 이렇게 되자 그는 광주리를 메고 파는 것에서 지게를 지고 팔게 되었고 다시 지게를 지고 파는 것에서 좌판을 벌이고 파는 것으로 발전하게 되었다. 장사를 하면 할수록 더 커졌고 장사를 하면 할수록 더 잘 되었다.

어느 여름날, 연속으로 흐린 날씨와 비오는 날이 계속되었다.

수박을 사가는 사람이 없어서 수박가격이 폭락해 버렸다. 조남산은 이러한 상황을 보고서 곧 엽전을 몇 꾸러미나 들여 큰 배로 두척 분량의 수박을 사들였다. 그가 흐린 날씨에 이렇게 많은 수박을 사들이는것을 보고 집안 사람들은 모두 걱정이 태산같았다.

"다 팔지 못하면 썩어 버릴텐데!"

당시 조남산의 가정은 간신히 생계를 꾸릴 정도여서 의외의 타격을 받으면 이를 버텨낼 재간이 없었기 때문이었다. 조남산은 걱정하는 가족들을 불러 수박을 내려놓도록 도와달라고 하면서 이렇게 말하였다.

"오랫동안 비가 오면 반드시 맑게 갤 날이 있을 겁니다. 날씨가 맑아지면 반드시 더울 것입니다. 이것은 제가 수박을 몇 년간 팔면서 쌓은 경험 입니다. 또한 올해는 3년에 한 번 돌아오는 추위 (과거 시험 중 지방에서 치르는 향시)가 있기 때문에 각 주와 현의 응시생들이 무창으로 몰려들 것입니다. 그때가 되면 수박을 좋은 가격으로 팔지 못할까 걱정할 필요는 없을 것입니다. 그저 제가 돈 버는 것을 기다리고 있기만 하면 됩니다."

과연 이틀이 채 지나지 않아 비가 그치고 날씨가 맑아지며 태양이 솟

145

왔다.

날씨가 무덥기 때문에 잘 팔리지 않던 수박은 단번에 없어서 못 파는 상품이 되었고 가격도 한 근에 몇 전하던 것이 순식간에 한 근에 수십 전이 되었다. 가격이 아무리 올라도 사람들은 여전히 앞을 다투어 수박을 샀다. 더욱이 조남산의 예상대로 호북성의 성도인 무창으로 몰려든 향시 응시생들은 돈을 아까워하지 않고 비싼 값에도 수박을 사서 더위을 없애고 갈증을 해소하였다.

조남산의 큰 배 두 척 분량의 수박은 뜻밖에도 수백여 꾸러미의 엽전을 벌어들였다. 그 본전은 겨우 몇 꾸러미의 엽전이었는데, 그 수박 장사로 하여 조남산은 이후의 사업기초를 다질 수 있었다.

1884년, 조남산은 조상태잡화점을 무창 장가입구에 개설하였다.

마른 과일과 신선한 과일외에도 볶은 식품과 기타 잡화도 더 취급하였다. 개점 후, 조남산은 여전히 정성으로써 고객의 신임을 얻는 경영전통을 견지하였다.

물건은 상등품으로 하고 가격은 공정한 값으로 팔기를 애써 추구하였다. 이를 위하여 그는 좋은 물건을 들여놓는 것을 특히 중시하였는데 전담 인원을 두어 물건을 철저하게 검수하였으며 등급이 떨어지는 물건을 들여 놓지 않았다.

땅콩이나 해바라기 씨 등의 상품에 대하여도 산지까지 직접가서 그곳에 상주하면서 물건을 구입하도록 하였다. 목이버섯이나 원추리꽃 등의 토착 특산물도 새 물건이 나오는 계절에 맞추어 물건을 구입하였다. 이렇게 하면 신선한 고급 상품을 구입할 수 있고 원가도 상대적으로 저렴하였으므로 같은 물건일지라도 판매 가격을 다른 동종 업체에 비하여 조금이라도 낮출 수 있었다. 이 때문에 그 신용과 명성이 날로 높아졌다.

무창의 시민들 뿐아니라 인근의 농민들도 설 대목이나 명절, 결혼식 등을 맞이하여 물건이 필요할 때 일부러 조상태잡화점까지 찾아와서 사는 것을 좋아하였다.

그후, 뜻밖에 화재를 당하는 바람에 잡화점이 하루아침에 잿더미로 변하였다.

1907년, 조남산은 돈 3000냥을 빌려 그 자리에 조상태잡화점을 다시 지어 영업을 계속하였다. 당시 조상태잡화점을 무창에서 제일 큰 잡화점이었는데 지금도 무한에서 100여년의 역사를 자랑하며 유명세를 날리고 있다.

하층 노동자의 행운담

****

장필사(張必思 1840-1916년) 광동 대포향사람. 16세 되던 해 그의 고향에
큰 재해가 들었다. 먹고 살기가 어려워진 그는 누군가에게 팔리는 신세가 되
어 남양에 가서 하층 노동자로 일했다. 싱가포르라는 이국 타향으로 간 그는
쓸쓸한 마음을 달래려 어느 화교 부녀가 경영하는 술집에 가서 술로 슬픔을
달랬다. 술집 주인은 그가 정직하고 총명한 사람임을 알아보고 딸을 그에게
시집보냈다. 얼마 지나지 않아 장인이 세상을 떠나자 그는 장인의 뒤를 이어
술집을 경영하게 되었다.

하루는 장필사 술집에 네덜란드 장교가 와서 술을 마셨다. 늘 우울해
있던 그 장교는 술값도 제대로 치르지 않았고 소란도 부려 술집 심부름
꾼들의 미움을 샀다. 그러나 장필사는 자신도 그런 적이 있었던지라 마
음에 두지 않고 오히려 종업원들을 불러 그 장교가 오면 잘 대해주고 술
값도 싸게 받으라고 일러 주었다. 이 일을 알게 된 장교는 장필사를 마음
속으로 존경하게 되었다.

몇 년이 지난뒤, 누군가가 찾아와서 장필사에게 신임 총독을 만나볼
것을 권했다. 장필사는 이상하기도 하고 호기심이 생겨 총독을 만나 볼

것을 약속했다. 그런데 총독이 바로 자기 술집에 찾아 왔었던 술주정뱅이가 아닌가? 이때부터 두 사람은 친구의 의를 맺었다.

신임 총독의 지원을 받은 장필사의 사업은 점차 번창해 이후 적지 않은 기업을 설립하고 남양의 거부가 되었다.

상당한 재산을 모은 장필사는 서방의 선진적인 경영 관리이론을 배웠으며 그때부터 어떤 일도 그냥 지나치지 않고 기회를 잘 포착하였다.

1871년 어느날, 프랑스 영사의 파티에 참석하게 된 그는 주인이 따라 준 포도주를 맛보게 되었다. 술좌석에서 영사는 자기가 중국의 연대나 청도 지방에 가 보았는데 그 곳에는 질 좋은 포도가 많지만 기술이 낙후하여 그런 좋은 조건을 이용하지 못하더라고 말했다. 말하는 사람은 무심코 말을 던졌지만 장필사는 주의 깊게 들었다.

장필사는 반드시 중국산 포도주를 만들어 기업으로 나라를 구하고 국가를 빛나게 하겠다고 결심했다. 그때로부터 장필사는 프랑스 영사에게 기계를 이용한 포도주 양조 기술과 시장상황을 상세히 배우고 기회만 있으면 귀국하여 양조공장을 세우고자 했다.

1891년 청정무의 요청에 의해 광동 - 불산간 철도를 관리하는 기간 장필사는 중국산 포도주 공장을 세우려는 숙원을 잊지 않았다. 장필사는 지질학자를 초빙하여 토양과 기후 조사를 진행하고 여러 성을 다니며 연구하고 토론한 끝에 연대지방을 선택 하였다. 그곳 기후는 온화하고 토질이 비옥할 뿐만아니라 수질도 좋아 포도 재배와 양조에 이상적인 곳이었다.

투자의 과학적인 가능성을 보장하기 위하여 장필사는 스스로 연대에 가서 현장답사를 진행하고 기초 자료를 얻었으며 그 곳의 흙을 재취하여 프랑스와 이탈리아에 보내 분석과 화학실험을 거쳐 이상적인 토질임을 증명하였다.

1894년 장필사는 자금을 투자하여 연대의 땅을 구입하였다. 그리고 포도 재배원을 설립하고 공장을 세운 후 양조작업을 시작했다.

그의 성이 장씨이고 해외에 있는 그의 기업체들이 대부분 "넉넉할 유(裕)"자 돌림이기에 공장이름을 "장유(張裕)양조공장"이라 붙였다. 이렇게 중국의 첫 번째 기계식 양조 공장이자 극동에서 가장 먼저 일어선 포도주공장이 일어섰다

장필사는 서방의 선진적인 경영관리학에 정통했던 그는 양조공장 설립초기 시장에 대한 예측과 원가 절감활동을 통해 기업의 생산관리와 경영 목표에 대해 과학적인 예측과 판단을 했다. 그는 중국이 근대화되어감에 따라 소비 형태 또한 날로 유럽화할 것으로 판단했다.

1912년, 손문은 장유양조공장의 브랜디를 맛보고 찬사를 아끼지 않았다. 손문은 그 자리에서 친필로 "품중예천(品重醴泉)"이라는 글을 남겨 격려하였다. 이 네 글자는 장유양조공장에서 제품의 질을 향상시키고 엄격한 품질 관리에 쏟은 노력에 주어진 훌륭한 평가였다.

장필사가 양조공장을 세울 때는 목표가 원대했다. 중국에서 가장 뛰어난 포도주를 생산하여 나라를 빛내려는 것이었다.

최고를 향한 염원을 실현하기 위해 그는 생산의 전반적인 과정에서 과학적인 관리를 도입하고 "원료는 우수한 것을 써야 한다. 사람은 능력있는 사람을 초빙한다. 기구는 새로운 것을 설치해야 한다."는 "삼필(三必)" 관리 원칙을 도출해 냈고 이를 통해 중국 양조업의 새로운 길을 개척했다.

천하를 상대로 장사한 견습생

유국균(劉國鈞 1887년 ? 년) 강소성 정강현의 한 평범한 가정에서 태어 났다. 일찍 아버지는 정신병 환자가 되어 온 가족의 생계는 어머니가 돈 있는 집에 식모살이를 하여 가까스로 유지하였다. 어머니가 갖은 고생을 하는 것을 보고 어린 그는 땔 나무를 주어오고 심지어 사방을 분주히 돌아다니며 과일을 팔아 생계에 보탰다. 그런 그가 어떻게 천하를 상대로 장사를 하게 되었을까?

유국균은 13세 때, 부모와 떨어져서 현성에 있는 양조장에 들어가 견습생이 되었다. 그는 정식으로 학교를 다니지 않았지만 총명하고 지혜로와 어릴 때 아버지한테 배워 능히 읽고 쓰며 셈을 할 줄 알았다.

어린 나이에 양조장에서 견습생 생활을 하기란 너무 힘들었다. 1년 사계절 내내 어른들과 똑같이 양조장 주인을 위하여 일을 해야 했고 또한 월급같은 것도 없었다. 1년이 채 안 되어 유국균은 중노동과 주인의 야만적인 핍박을 견딜 수가 없어 정강현을 떠날 수밖에 없었다. 그래서 한 동료를 따라서 정든 고향을 등지고 상주의 부두진을 거쳐 다시 분우진의 잡화점에서 견습생 생활을 하였다. 그의 나이가 너무 어려서 견습생이 되는 이외에 달리 일자리를 찾을 수가 없었다.

분우진에서 3년간의 견습생 생활은 유국균의 일생에서 중대한 영향을 끼쳤다. 어렸을 때의 그렇게 고되고 불행했던 경험은 그의 마음속에 깊은 흔적을 새겨놓았는데 그는 줄곧 묵묵하게 빈곤을 벗어나 집안을 일으키고 재산을 모을 기회를 찾고 있었다.

잡화점에서 견습생 생활을 할 때 그는 항상 부근의 시장이나 상가를 다니는 등 유명한 가게에 두루 출입을 하였는데 이로써 시장의 상황을 점차 더 잘 알게 되었다. 이에 그는 독립하여 천하를 상대로 장사를 해보자고 결심하였다.

상업을 경영하려면 우선 충분한 자본을 가지고 있어야 한다. 두 손이 텅 빈 유국균에게 있어서 자본문제는 대단히 골치 아픈 문제였으나 그에게는 일찍 대배책이 있었다 . 그는 평소 외출하여 물건을 파는 등 기지를 발휘하여 실적을 남보다 월등하게 올림으로써 월급 외에 보너스를 많이 받았고 이를 나중에 상업경영을 할 밑천으로 삼았다. 또한 어머니와 처에게 댕기를 만들어 상점으로 보내라고 하여 이를 팔기도 하였다.

이렇게 날이가고 달이 가니 점점 자본이 축적되었다. 나중에는 계를 조직하여 일부 자본을 더 모집하여 결국 옷감을 파는 화풍잡화점을 개설하였고 염색공장도 하나 열어 베를 염색하였다. 2년 후, 동업자가 하루 종일 아편을 피우고 도박만 하며 본업을 게을리하여 가게에 부채가 쌓여가자 동업자는 자신의 빛을 청산하기 위해 할 수 없이 가게 지분을 유국균에게 넘겨 주었다.

천성이 총명한 유국균은 항상 접대에 능하였고 경영을 잘 하였다. 게다가 본인이 일관되게 의로움을 중시하고 근면하고 성실하게 노력하였기 때문에 그의 사업은 항상 평탄하였다. 다만 손에 만지는 자본이 적고 거둬 들이는 이윤도 적어 큰 사업을 할 수 없다는 것이 아쉬울 뿐이었다.

1911년 10월 10일에 신해혁명이 무창에서 발발하였다. 순식간에 전란이 번져나가자 분우진의 상점들은 모두 영업을 중단하고 피난을 가 버렸다. 유국균의 부모도 걱정이 되어 유국균에게 상점문을 닫게 하였다. 그러나 유국균은 변란에 조금도 당황하거나 놀라지 않고 침착하고 냉정하게 당시의 형세를 분석하였다. 그리고 전쟁이 그렇게 오래 지속되지 않고 금방 자나갈 것으로 예측하였다. 그는 한 번 모험을 해보기로 결정하였다. 그래서 대담하게 상점문을 열고 영업을 계속하였다.

과연 결과는 예상에서 벗어나지 않았다. 분우진의 모든 상점들은 영업을 그만두었기에 물품의 거래는 모두 문을 연 화풍잡화점으로 집중되었다. 시절이 바로 병란의 세월이라 어떤 농민들은 시국을 염려하여 앞을 다투어 자녀들의 혼사를 미리 앞당겨 치렀다.

농민들이 벼를 짊어지고 길을 가다 사람을 만나"어디 가면 신부에게 입힐 옷을 살 수 있습니까?"라고 물으면 길가던 사람은 "오직 화풍잡화점만 영업을 하고 있습니다."라고 대답을 하였다.

화풍잡화점의 옷감은 금방 다 팔려 동이 났다.

유국균은 다시 상주의 옷감 상인들을 설득하여 재고 상품을 할인가로 그것도 대금을 할부로 납부하는 방식으로 화풍에 팔도록 하는데에 성공하였다. 또한 변란의 와중에 화풍이 판매한 것은 옷감이었고 그 대가고 받은 것은 벼였다. 그 당시 곡식은 매우 저렴하였기에 별로 돈이 되지 않았다. 그러나 시국이 평온해지자 곡식의 가격이 폭등하였다. 벼 한 가마니를 백은 한 냥 반의 가격으로 받았으나 벼를 내다 팔 때의 값은 백은 세 냥이 되었던 것이다.

유국균은 벼 장사에서도 거액의 차익을 얻었다.

이듬해 말에 결산을 해보니 화풍잡화점은 5000여 위안의 순 수익을
올렸다.

1915년, 유구균의 자본은 원래의 600위안에서 일약 2만 위안을 뛰어
올랐다. 무려 30여 배나 증가된 셈이었다. 이렇게 하여 다른 상점 주인들
이 모두 탄식만 하고 있을 때 유국균의 화풍잡화점은 불이 일듯이 한순
간에 번창하게 되었다.

현재 상태의 유지는 곧 낙오다

시장을 보는 예리한 안목이 있어야 한다. 천예한 시장 경쟁에서 자기에게 유리한 틈을 찾아서 어떻게 진입하고 어떻게 공략할 것인가에 대한 기본 책략이 있어야 만이 자기에게 이익을 가져다 줄 수 있는 상품을 남보다 먼저 알아보고 남보다 빨리 진입시킨다면 남보다 더 많은 성과를 가져올 수 있다.

오화사는 20세에 아르바이트로 모은 돈을 가지고 친구 한 명과 동업으로 자그마한 포목점 하나를 개설한데로부터 끊임없이 진취적으로 생각하고 행동하여 끝내 방대한 기업왕국을 건설했다.

오화사는 20세에 아르바이트로 모은 돈을 가지고 친구 한명과 동업으로 대만 대북시의 영략정에 작은 포목점 하나를 하였다. 주로 옷감을 거래하였으나 콩과 밀가루, 설탕, 찻잎, 면화, 식용유등의 농산품도 함께 취급하였다.

오화사는 대만에서 장사하는 한편 큰 선박 하나를 사들여 대만해협 양쪽과 일본을 오가며 장사를 하였다. 오래지 않아 그의 장사가 날마다 잘되어 대북시 포목업계에서 맹주자리를 차지지하게 되었다. 그는 또한 신죽에 착유공장 하나를 더 개설하여 기름을 중국 대륙에 내다 팔았다.

오화사는 경영하는 품목이 증가되자 신광상행을 설립하였다.

포목점의 작은 점원이던 그가 차근차근 발전하여 대기업가가 된 것이다.

지금 그는 대북시 남경서로에 하늘의 구름과 맞닿을 정도로 높은 몇 동의 신광기업빌딩을 지어 놓았다. 이 건물들은 당시 그가 개설했던 작은 포목점으로부터 그리 멀지 않은 곳이 자리하고 있는데 이것은 그가 수십년 동안 노력하여 발전을 이루었던 궤적을 생동감 넘치게 보여주고 있다.

오화사는 1940년대에 방직업이야 말로 자신이 걸어야 할 길임을 알고 자신의 정력을 방직업에 투입하였다.

1960년대에 그는 방직업을 크게 확장하였고 대만에서 첫 번째의 섬유 원료 공장인 중국인조섬유공사를 발기하여 설립하였다.

1967년에 일본의 동려회사, 미쓰비시회사와 합자하여 신광 합성섬유공사를 설립함으로써 대만 방직업계에서 제일 중요한 지위를 차지하게 되었다.

1963년에 오화사는 다시 방직업에서 금융, 보험업으로 방향을 전환하였다. 그는 신광산업보험공사와 신광생명보험공사를 세워 민간의 유동 자금을 충분히 흡수하였고 이렇게 흡수한 자금을 기업의 운영 및 발전 자금으로 사용하였다.

그 당시 대만의 생명보험 사업은 거의 국태나 국광등의 회사가 휩쓸고 있었기 때문에 오화사가 끼어들기란 매우 곤란하였다. 그래서 그는 제일 유력한 조수인 오가록과 함께 대남으로 남하하여 시장을 개척하였다.

오화사는 오토바이를 타고 대만의 중남부 지역의 시골 마을을 돌아다

넜다. 그 당시에 보험은 시골 마을 주민들에게 별로 환영을 받지 못하였다. 왜냐하면 사람이 죽어야만 돈을 받을 수 있는 것이므로 생명보험에 가입하는 것은 그 사람에게 죽으라고 저주하는것과 다름없다고 여기며 모두 보험에 가입하기를 꺼렸다.

오화사와 그의 동료들은 고객에게 감정으로 호소하기를 결심하고 집집마다 방문하여 이야기를 나누었다. 어느 정도 교감이 이루어진 다음에는 그 인맥을 이용하여 보험 가입자를 증대시켰다. 오화사의 그러한 노력 덕분에 현재 신광그룹의 영업 수익 중 거의 절반은 생명보험에서 나오고 있다.

오화사의 또 다른 핵심 기업은 대북가스공사인데 신광그룹내에서 비교적 많은 돈을 버는 대형 기업이다.

대북시에는 원래 공영가스회사가 하나 있었는데 설비가 낡고 관리가 부실하여 오히려 시 정부의 큰 짐이 되었다. 이에 시의회에서는 공영가스회사를 민영으로 전환하자고 건의하였고 시정부는 이건의를 받아 들였다. 결과 가스경영 특허권을 대북시 전 시장인 오삼련가 차지했는데 이때 오화사는 곧 오삼련과 함께 합작하여 회사를 설립하였다.

1964년 7월, 6000만 대만달러의 자본을 가지고 대북가스공사를 설립하였다. 처음에는 오삼련이 대표이사를 맡았다가 경영이 부진하여 지자 오삼련은 퇴출되고 경영권은 오화사가 장악하게 되었다.

오화사가 정성을 다하는 경영으로 하여 대북가스공사는 대만에서 가스관 보급률이 가장 높고, 누수율이 제일 낮으며 사용 사고가 제일 적은 가스 회사가 되었고 아시아 동부에서 10대 가스회사 중의 하나가 되었다.

이로써 대북 가스공사는 생명보험사와 함께 오화사의 신광그룹에 속한 두 그루의 돈이 달리는 나무로 되었다.

오화사가 밝히고 있는 창업과 경영에 관한 자신의 제일 기본적인 경영철학은 용감하게 앞으로 나아간다는 것이다. 신광그룹의 사무실 마다 '현재 상태의 유지는 곧 낙오다' 라는 표어를 볼 수 있다. 그는 '나아가지 않으면 곧 물러서는 것이다' 는 적극적인 정신으로 무장하고 죽을 힘을 다해 싸웠다.

오화사는 학력이 그리 높지 않으나 자신의 다채로운 경력으로 풍부한 경험을 얻을 수 있었고 또한 창업 기회가 올 때마다 원대한 안목을 갖고 대담하게 이를 단단히 붙잡고 실행한데서 방대한 기업왕국을 건설해 낼 수 있었다.

* * * *

사환으로부터
정일품이 된 관상

호설암(胡雪岩 1823-1885년) 안휘성 사람. 어려서부터 가정이 빈곤하였다. 일찍 아버지가 돌아가셨기 때문에 생계를 위지하고 꾸려 나갈 형편이 없었다. 때문에 그는 항주성의 한 전장(은행과 비슷한 작은 금융기관)에 들어가 견습생이 되었다. 그가 하는 일은 마당을 쓸거나 요강을 비우는 등 매우 천한 잡역부의 육체노동이었다. 그런 그가 어떻게 하여 무명의 사환으로부터 중국 최고의 관상(官商)이 될 수 있었을까?

호설암은 머슴이나 다름없는 전장의 견습생이 불과 몇 년 사이에 한 분야를 홀로 책임지고 총괄하는 고객 상담 전무로 승진 되었다. 비천한 출신의 작은 인물이 상당히 출세한 셈이다. 그는 타고난 천성이 영민하고 기지가 있는데다 묵묵히 자신의 직분에 충실하면 입고 먹는데는 별 걱정 없이 한평생을 편안하게 살 수 있는 가능성이 충분하였다. 그러나 호설암은 현실에 만족하고 안주하는 사람이 아니었다. 외부사람들은 눈치채지 못하였지만 그는 상류사회로 발돋움하려는 야심을 가지고 있었다.

외부사람들이 더욱 몰랐던 것은 호설암이 세상사를 통찰하고 정확히 진단할 수 있는 천부적인 재능을 가지고 있다는 점이다.

호설암은 자신의 꿈을 실현하려면 우선 출세를 해야하고 또한 출세를 하려면 반드시 '관청' 이라는 비밀 언덕이 있어야 한다는것은 잘 알고 있었다.

그러나 전장의 직원인 자신의 작은 신분으로 저 높은 곳에 있는 관리와 관계를 맺는다는 것은 거의 불가능한 일이었다. 그래서 그는 발전 잠재력이 있는 인물을 현실에서 애써 찾는 수밖에 없었다. 하늘은 노력하는 사람을 저버리지 않는다. 우연한 기회에 호설암은 낙담하여 실의에 빠진 귀공자 왕유령을 만나고 그가 대대로 관리를 지낸 집안의 후손이라는 것을 알게 되었다.

호설암은 승산이 없는 것을 알면서도 대출 회수금인 은전500냥을 왕유령에게 빌려주었다. 당시 1년치 봉금이 겨우 은전 20냥에 불과했던 호설암이 왕유령에게 그런 거액을 빌려 준 것은 한평생의 운명을 걸고 도박을 한 것과 같았다. 왜냐하면 전장업계에서 제일 금기시하는 것이 바로 자금의 사사로운 전용이었다. 일단 그러한 일이 발각되면 호설암은 이 업계에 발붙이기가 대단히 어려워지게 된다. 게다가 만약 왕유령이 배은망덕한 사람이라면 호설암의 노력은 "대바구니로 물을 길듯" 쓸모없는 것이 되고 장래에 대한 기대 역시 물거품이 되고 만다. 그렇게 되면 호설암은 장차 어떻게 이 세상에서 살아갈 것인가?"먼저 비범한 사람이 있고 그후에 비범한 일이 있다"는 말이 있다. 호설암은 보통 사람은 감히 할 수 없는 비범한 조치를 취함으로써 일반 사람이 이루어 낼 수 없는 일을 완성하였다. 즉 자신과 생사를 함께 하는 관청의 친구 한 사람을 얻었는데 그가 바로 나중에 절강성 문수(지금의 성장에 해당한 직위)까지 승진한 고관대작 왕유령이었다.

왕유령은 청나라 말의 관청에서 20여 년간 승승장구한 인물이었다. 그 사이 호설암과 왕유령은 서로를 각별히 여기며 둘도 없는 친구가 되었다.

1862년, 태평천국 군대가 항주성을 포위하고 공격할 때였다. 절강성 문수였던 왕유령은 결사적으로 저항하며 2개월 버텼는데 식량과 무기가 다 떨어져 버렸다. 왕유령은 호설암에게 포위망을 뚫고 나가 식량을 구입하여 급히 항주성을 지원하도록 하였다.

호설암은 1만 석이나 되는 식량을 가득 실은 배를 항주성까지 끌고 갔으나 태평천국 군대의 진지를 뚫고 식량을 항주성안으로 들여보낼 방법을 찾을 수 없었다. 호설암의 지원을 기다리며 적군에게 저항하던 왕유령은 결국 절망하여 자결하고 말았다.

그 소식을 듣고 호설암은 살갗을 도려내는듯, 부모를 잃은 듯 통곡하다가 혼절하기까지 하였다. 그만큼 호설암과 왕유령의 정과 의리가 두터웠던 것이다.

왕유령의 순직으로 호설암은 또 다른 시련을 겪게 되었다. 거액의 공금을 횡령하여 진지에서 도망치고 전우의 죽음을 보고도 구조하지 않았다는 오명을 뒤집어 쓰게 되었다. 몸을 숨기고 비탄에 잠겨 세월을 보내던 호설암은 얼마후 항주성이 수복되었다는 소식을 듣게 되었다. 복건성과 절강성 총독인 좌종당이 초군을 이끌고 안휘성에서 항주로 곧장 진격하여 태평천국 군대를 물리친 것이었다.

호설암은 비밀언덕을 새로이 찾기 위하여 장익풍의 소개서를 들고 좌종당을 찾아가 예방을 하였다. 좌종당은 호설암이라는 세 글자를 듣자마자 후안무치하고 간사한 상인이라며 이를 갈았다. 책상을 치며서 즉각

참수하여 그 목을 사람들에게 보이라고 명령을 내렸다. 다행히도 좌종당 휘하에 있던 한 사람의 소개서를 써 준 장익풍의 체면을 생각하라고 일깨워 주었다. 호설암처럼 이름있는 상인이 어찌하여 나랏돈을 횡령하고 절친한 왕유령과의 신의를 버리게 된 것인지 영문을 물어 본 다음에 목을 베더라도 늦지 않다고 간언했던 것이다.

호설암은 좌종당을 배알하러 가는 것이 자신의 목을 내어 들고 가는 것이라곤 짐작도 못했지만 좌종당의 막사에 들어가자마자 그 안의 살기 등등한 분위기를 직감적으로 알아차렸다.

좌종당과 호설암은 근본부터가 다른 사람들이었다. 좌종당은 전통적인 문화교육을 체계적으로 받아온 사람이며 그의 글재주는 조정이나 재야 모두 탄복한 바 있었다. 또한 유가의 도덕적인 '수신제가 치국평천하'를 엄격히 준수하고 청렴한 삶을 유지하며 살아온 강직하고 용기있는 인물이었다.

그러나 호설암은 단 하루도 서당에 다닌적도 없었다. 도덕과 글이 어떤 물건인지 들어보지도 못하였다. 뇌물을 주는 것이 불법인지도 알지 못하던 그저 영리하고 성실한 장사치에 불과할 따름이었다.

이렇듯 신분의 차이는 물론 살아온 길과 방식이 전혀 달랐던 좌종당을 호설암은 어떻게 하여 정복하였을까?

호설암에게는 천부적인 능력이 하나 있었다. 상대방의 말과 안색을 잘 관찰한 다음 교묘하게 말하고 행동할 수 있는 본능적인 감각을 발휘한 것이었다. 그는 좌종당이 추켜세우는 것에 약한 것을 간파하고 얼굴에 진지하고 정성스러운 표정을 가득 담고서 이렇게 말하였다.

"대인께서 이 세상에서 볼 수 없는 공을 세웠다 하여 이렇게 찾아와

감축을 드리는 바입니다." 한마디로는 부족하여 아부의 말을 재차 더하였다.

"단지 대인께 감축을 드리는 것말고도 또한 대인께 감사를 드리는 바입니다. 절강성과 복건성의 백성들이 모두 죽기 직전이었는데 다행스럽게도 대인께서 구해주셨습니다."

좌종당에게 잘 보이고 싶은 마음에 하는 아부였지만 호설암의 말은 사실이었다. 그런데 본래 명예를 황금처럼 아끼는 좌종당은 백성들이 고마워한다는 말을 듣고 자신도 모르게 저절로 기분좋은 미소를 지었다. 그렇게 조금씩 호설암에게 마음이 열린 좌종당은 그가 왕유령과 군사들을 돕기위해 온갖 위험을 무릅썼으나 허망하게도 왕유령이 순직하여 너무나 슬퍼한 나머지 혼절하기도 하였다는 말을 듣고서 감동마저 하였다.

이렇게 좌종당의 마음을 열게 된 호설암은 더 나아가 좌종당의 주변에 얽혀있는 알력과 모순을 이용하였다. 호설암은 낯색을 엿보아 좌종당의 견제세력인 증국번과 이홍장에 대해 매섭게 질타하였다. 증국번은 단지 자신의 세력권만 넓히는데 힘을 쓸 뿐 비열하고 의로움이 없다고 질책하였고 이홍장은 공을 세울 수 있는 알토란 같은 관직을 사사로운 인정으로 증국번에게 주었다고 비난하였다.

호설암과의 만남이 몇 차례 이어지자 강직하고 자긍심 높은 좌종당도 호설암에게 매료되지 않을 수 없었다. '누군가에게 무엇을 취하려고 하면 먼저 그에게 내어 주어라'는 말이있다.

호설암은 좌종당을 완전히 내 사람으로 만들기 위해 이러한 상업 경영의 이치를 능숙하게 응용하였다.

먼저 좌종당에게 백은 2만 냥을 바쳐 군자금으로 사용하도록 하였고 왕유령을 위하여 마련해 두었던 1만 석의 쌀을 군량미로 사용하도록 내주었다. 또한 좌종당이 항주성 전투후의 수습작업을 잘 처리할 수 있도록 도와 주며 좌종당이 더욱 세력있는 인물로 클 수 있도록 지원을 아끼지 않음으로써 왕유령보다 더 든든한 후원자로 만들었던 것이다.

좌종당은 1860년대부터 1880년대 중반기에 이르기까지 청조관부에서 이홍장과 어깨를 나란히 하고 대적할 수 있는 유일한 세력파 대신이 되었다.

서북 지방 전쟁에서 연전연승한 후에는 이홍장을 제치고 정부 내각에 진입하여 조정을 총괄하는 등 그 이름을 천하에 떨쳤다. 좌종당의 기세가 커질수록 호설암에게는 자신을 보호해주는 우산이 커지는 것과 같았다.

'나가면 장수요, 들어오면 재상'인 좌종당을 정복한 호설암은 바로 천하를 정복한 것과 다름 없었다.

이렇듯 호설암은 사람에 대한 정복이야말로 이세상의 궁주적인 정복임을 보여주었다.

그후, 10여 년동안 좌종당이라는 커다란 그늘 아래에서 호설암의 사업은 양곡 조달과 군수품 구입, 서양인과의 거래에 이르기까지 위아래로 쭉쭉 뻗어나갈 수 있었다. 호설암의 재산은 수십만 냥에서 수천만 냥으로 크게 불었다. 그 재산이 어쩌나 어마어마했는지 나라하나를 살 만할 정도였다.

1878년, 좌종당은 호설암의 은혜에 감사하는 취지로 호설암이 정이품의 관모를 쓰고 황마괘를 입고 자금성에 말을 타고 들어갈 수 있는 특권을 조정으로부터 하사받도록 해 주었다.

그 후 호설암의 노모 칠순 잔치를 벌인다 하니 좌종당, 이홍장과 같은 고관대작들이 앞을 다투어 선물을 보내왔고 심지어 자희태후마저 특별히 교지를 반포하여 호설암을 정일품에 봉하는 상을 내리기도 하였다.

그리하여 호설암은 "인맥은 바로 재물의 맥"이라고 주장을 하였다.

＊＊＊＊

실제를 추구하고 실천을 견지

정판교(鄭板校 1693- 1765) 강소성 흥화사람.

어려서 집이 가난하여 그는 자습으로 노력하여 시험쳐 진사(進士 : 과거시험에 합격한 수석3명에 한해 주어진 칭호)로 합격하였고 일찍 두 번이나 현지사로 있었으나 권세자의 미움을 사서 파직당하였다. 그런 그가 고심한 노력으로 시. 서법. 그림이 다 출중한 중국의 저명한 서화가로 문학가로 되었다.

정판교는 어려서 집이 가난하여 계속 공부를 하지 못하고 집에서 자습으로 노력하여 과거 시험에 진사(進士)로 합격하였고 일찍 두 번이나 현지사로 지냈지만 권세자의 미움을 사서 파직 당하였다.

정판교는 젊었을 때부터 그는 절개가 있었다. 부귀와 권세를 하찮게 여겼고 가난하고 약한 사람을 몹시 동정하였다. 그러나 동정한다고 하여 부탁대고 타협한 것은 아니었다. 그는 현 지사로 있을 때에도 누구에게나 잘못이 있으면 당면에 지적하여 주었는데 아마 이것이 그의 괴벽함이였는지도 모른다.

그는 현 지사에서 파직당한 후론 나머지 태반의 여생을 그림을 그리거나 시를 지으면서 보내였다.

정판교는 젊었을 때 한번은 선생과 함께 들놀이를 갔다. 봄이 찾아온 들에는 봄빛이 무르녹고 새들이 우짖고 꽃향기가 그윽 하였다.

아름다움에 도취된 정판교는 도도한 시흥을 억제할 수 없어 산을 만나면 산을 읊었고 물을 만나면 물을 노래하는 시를 지었다.

문득 강으로 여자애의 시체가 강물에 떠내려오는것이 눈에 띄였다. 선생은 즉시 애석해하며 시를 읊었다.

이팔 청춘 아릿다운 처녀,
바람에 날려 다리가에 떨어졌네.
그의 영혼 물결따라 돌아치고,
그의 혼백 파도따라 오가네.

정판교가 선생님의 시를 듣고나서 물었다.

"선생님, 선생님께서 저 소녀가 16살이라는 걸 어떻게 아십니까? 그리고 어찌하여 바람에 날려 떨어졌다고 하십니까? 그리고 선생님께선 그의 영혼이 물결따라 움직이는 걸 보셨는지요?"

정판교의 물음에 처음에는 노기를 띠던 선생은 대답할 말이 없어 어안이 벙벙해 있었다. 이윽고 선생이 웃으며 말했다.

"나어린 네가 시 짓기에 있어서 이처럼 민첩하고 또 근거없는 말 한 마디도 허용하지 않을 정도로 사실을 존중할 줄은 실로 생각밖이로구나. 그렇다면 네가 한 번 지어봐라. 이 시를 어떻게 고치면 좋겠느냐?"

정판교는 잠깐 사색에 잠겼다가 침통한 어조로 시구를 읊었다.

뉘 집 아릿다운 소녀일까?

어이하여 물에 빠졌을까?
검은 머리 물결따라 떠돌고
분 얼굴 파도에 떠내려 가누나.

"참 잘 고쳤다! 참 잘 고쳤다!"

선생은 다 듣고나서 연해연방 칭찬하여 마지 않았다.

정판교는 시에서 뿐만아니라 그림 그리기에서도 사실을 존중하고 생활을 존중하였다.

그는 참대를 잘 그려내기 위해 여름이면 참대 숲속에 침대를 가져다 놓고 침대에 누워 갓 돋아나오는 참대의 기세를 관찰했으며 가을이면 참대로 창살을 만들고 창문지에 비친 여러 가지 모양의 참대그림자를 관찰하였다. 그리하여 그가 그린 참대는 신기하게 쭉쭉 빠졌고 담담하고 표일하여 독특한 풍격을 띠었다.

정판교가 고심히 실제적인 것을 추구하고 실천을 견지했기에 그의 《죽석도(竹石圖)》를 비롯한 서화는 세상에 이름을 떨치게 되었으며 매우 높은 예술적 성취를 거두었다.

제3편

해외나라 천한들

++++

키큰 장군이 나폴레옹보고 이렇게 조롱했다.

"그 작은 키로 무슨 일을 할 수 있을까? 너는 절대로 나를 꺾지 못할 거다."

그러자 나폴레옹은 쓴 웃음을 짓고 말했다.

"비록 땅에서부터 재는 키는 내가 너보다 작지만

하늘에서 재는 키는 너보다 훨씬 크다.

내가 비록 너보다 작을 지언정 너를 꺾자고 하는 마음은 누구보다 더 크다."

* * * *

목표가 크고 대담히 공격

만약 타고난 신분이 미천하여 쉽게 위축된다면 적시에 행동할 수 있는 대담성을 길러야 한다. 나폴레옹 같은 위인조차도 숱한 전장을 겪으며 대담성을 키워왔다. 자신의 위신을 세우고 목표를 달성하는 데는 대담한 실행을 하면 충분하다고 하였다.

비천한 주방 보조로 일했던 아레티노가 바로 그러했기에 세계인이 다 아는 위대한 작가로 되었다.

어느 부유한 로마 귀족 가문의 비천한 주방 보조로 일하는 22세의 아레티노는 미천한 자신을 탓하지 않고 항상 작가가 되려는 꿈을 저버리지 않았다.

한 번 교황 레오 10세가 아끼던 애완용 코끼리 하노가 병에 걸렸다. 교황은 최고의 의료진을 불러다 치료했으나 결국 코끼리는 죽고 말았다.

슬픔에 잠긴 교황은 위대한 화가 라파엘로를 불러 코끼리 무덤 위에 하노와 똑같은 크기의 그림을 그리라고 명령했다. 그리고 비문에은 "자연

히스러졌으나 라파엘로가 예술로써 다시 살려내었다." 라고 새겼다.

며칠 후, 로마 거리에는 《코끼리 하노의 유언》 이라는 소책자가 퍼져 나가기 시작했다.

저자는 코끼리 하노의 시각을 빌어 당시 세태에 일침을 놓았는데 그 중에는 다음과 같은 문장도 있었다.

"내 무릎을 로찌 추기경에게 남긴다. 그리하면 그도 나처럼 무릎을 꿇고 기도할 수 있으리라. 내 턱을 성 쿠아트로 추기경에게 남긴다. 그리하면 예수의 이름으로 삼켜 버린 돈을 쉽게 뱉어 낼 수 있으리라. 내 귀를 메디치 추기경에게 남긴다. 그리하면 사람들의 말을 귀 기울여 들을 수 있으리라."

조롱 섞인 말투의 저자는 로마 최고의 권력자들, 심지어 교황까지 거론하며 비판을 퍼부었다. 유명 인사의 최대 약점을 민중 앞에 폭로한 글은 이렇게 끝을 맺었다.

"조심하라! 아로티노야말로 가장 위험한 적이니 절대로 그와 친구가 되지 마라! 말 한마디로 숭고한 교황을 무너뜨릴 수 있는 자이니 신께서 그의 혓바닥을 경계하라 이르셨도다!"

로마 사람들은 도대체 어떤 젊은이가 이리도 대담한지 궁금했다. 심지어 놀림감이 되었던 교황도 궁금증을 참지 못하고 그를 찾아 냈고 그후 아레티노를 벌하기는 커녕 성당 내 직무를 담당하도록 했다.

몇 년 후, 아레니토는 "왕공 귀족의 킬러"로 이름을 떨치게 되었다 그러자 그의 신랄한 변설을 두려워 했던 프랑스 국왕 및 신성로마 제국 황제까지 포함한 유명인사들은 그에게 지극한 존경의 뜻을 표현했다.

＊＊＊＊
약자의 생존 책략

속담에 나무는 큰 나무 덕을 못보아도 사람은 큰 사람의 덕을 본다고 한다. 힘이 약할 때는
'산(山)진 거북이' 처럼 의지할 곳이 든든하면 자신의 성장에 유리한 훌륭한 책략이 된다. 치렬한 경쟁시대 약소한 기업이 생존하려면 비교적 큰 기업의 힘을 빌려 생존을 도모해야 한다. 고작 세일즈맨이었던 존슨이 바로 강자에 의지하여 강자의 정상에 오른 것이였다.

고작 세일즈맨이었던 흑인 존슨은 남의 밑에서만 일하는 것이 싫어서 독자로 회사를 꾸려보려고 마음먹었다. 그러나 그의 수중에는 겨우 30만 원 밖에 없었다.

창업 초기에는 세 명의 직원과 두 개의 간이 공장밖에 없었다.

그리고 생산되는 자기의 상품으로 어떻게 시장을 개척할 것인가를 고민했다.

오랜 고민 끝에 마침내 영감이 떠올랐다. 존슨은 직원관 함께 우선 분말크림을 만든 뒤, 이 상품을 판매하기 위해 '남에게 의탁하는 법' 을 이용하기로 했다.

당시 미국의 브렐 화장품은 흑인 화장품 시장을 독점하고 있었다. 존슨은 자신의 광고 문구를 이렇게 작성했다.

"브렐 회사의 화장품으로 화장한 후 존슨의 분말크림을 바른다면 뜻밖의 좋은 효과를 볼 수 있다."

존슨의 직원들은 타사에 의지하는 홍보방식은 자사를 홍보하는 것이 아니라며 불만을 토로했다. 다만 브렐 회사만 드러낼 뿐이라는 것이다.

브렐 회사의 직원들도 존슨의 광고를 보고 비웃었다.

"우리 회사를 아주 좋아하는군 그래. 그렇지 않으면 어째서 공짜로 홍보를 해 주겠어?"

그러나 존슨은 모든 비난을 무시하고 직원들에게 말했다.

"바로 그 회사가 평판이 높기 때문에 이런 식으로 대처하는 것입니다. 예를 들어 지금은 내가 존슨이라는 것을 아무도 모르지만 내가 미국 대통령 옆에 설 수 있다면 내 이름은 이내 집집마다 알려질 것입니다. 화장품을 판매하는 것도 그와 같은 이치입니다. 브렐 회사 화장품은 흑인 사회에서 인기가 매우 좋습니다. 그렇기 때문에 우리 화장품을 그들의 이름과 함께 나타내면 겉으로는 브렐 회사를 높여 주는 걸로 보이겠지만 실제로는 우리의 가치를 높이는 것입니다."

존슨의 예상대로 이 방법은 과연 효과가 매우 좋았다.

소비자들이 자연스럽게 존슨 화장품을 받아 들이면서 시장소매량이 빠르게 늘어 났다.

뒤이어 존슨은 또 다른 계열의 상품을 생산하였다. 이번에는 예전의 홍보방식을 바꾸어 자기 화장품을 홍보하는데 더 신경을 썼다. 그것은 자신의 힘으로도 높이 날 수가 있었기 때문이었다. 몇 년간 노력한 결과

존슨 화장품은 브렐회사 화장품을 시장에서 밀어내고 결국 미국 흑인
화장품 시장을 독차지 하게 되었다.

시골 광부가 금융가를 사기치다

예나 지금이나 흔히 총명한 사람은 언제나 자기의 지혜가 제일이라고 생각한다. 그러나 사기꾼은 그런 총명한 사람만을 노린다. 똑똑한 사기꾼은 멍청함과 우둔함으로 자신을 포장하지만 실제로 사기를 당하는 사람은 스스로를 똑똑하다고 믿기 때문에 사기꾼들의 먹잇감이 된다. 미국에서 그렇게도 대단하고 똑똑한 금융가 윌리암랄스턴이 왜서 한낱 시골 광부에게 사기를 당했을까?!

그 해, "미국 서부에서 다이아몬드 광산이 발견되었다."는 소문이 샌프란시스코에 쫙 퍼지자 온 도시는 흥분으로 가득차 있었다.

이 소식은 시골 광부 필립 아놀드와 존 슬랙이 소문을 퍼뜨리고 와이오밍주에 있다는 광산의 위치를 확실히 밝히지 않은 채 권위있는 채굴전문가만 대동하고 길을 나섰다고 했다.

시골 광부 둘은 일부러 방향을 알 수 없도록 길을 빙빙 돌아갔다. 마침내 현장에 도착한 전문가는 광부들이 보석을 캐내는 장면을 직접 목격했고 캐낸 그 보석들을 샌프란시스코의 몇몇 보석상에게 보내 검증을 부탁했다. 이에 보석상 중 하나는 이 보석들의 가치를 1500만 달러 이상으로 책정했다.

이때 미국 금융가 윌리엄 랄스턴은 이 소식들을 접하고 즉시 샌프란시스코에 도착하여 보석상인 티파니에게 해당 감정가의 진위 여하를 확인하기로 하고 일단 광부 두 명에게 10만 달러를 지급했다. 그리고 공중인에게 30만 달러를 맡겨 놓고 계약이 성사되면 그를 통해 추가로 30만 달러를 더 지불하겠다고 약속했다. 광부들은 그의 제안에 흔쾌히 동의했다.

이들이 미국 뉴욕에 도착하자마자 곧바로 회의를 했다.

보석상 티파니가 "보석은 진품이며 그 가치도 어마어마 하다"라고 말하자 금융가 윌리엄랄스턴은 너무도 흥분해 몸을 떨었다. 윌리엄랄스턴은 곧 로스차일드를 비롯한 대 부호들에게 "다이아몬드 광산이 발견되었다"라는 전보를 보내고 공동 투자할 것을 권유하였다. 또 한 편 광부들에게 "광산을 다시 한 번 검증해 보자"라고 청했다.

몇 주 후, 윌리엄랄스턴은 미국에서 가장 유명한 채굴 전문가 헨리자닌을 대동하고 샌프란시스코에서 광부들과 다시 조우했다.

두 광부는 그들 일행을 데리고 골짜기를 넘고 길을 빙빙 돌아 어딘지 전혀 알 수 없는 곳으로 이끌고 갔다.

현장에 도착한 후, 이들 시찰단은 채굴 전문가 헨리자닌이 채굴하는 과정을 유심히 지켜 보았다. 장장 8일간 진행된 채굴 공정 동안 광산에서는 비취, 루비, 사파이어 등 갖가지 보석류들이 쏟아져 나왔다.

헨리자닌은 완전히 감동된 듯 "채광 역사상 매장량이 가장 많은 매장광"이라고 흥분해서 설명했다.

곧이어 두 광부는 이미 약속받은 70만 달러를 거머쥔 채 지도를 내려

놓고 자리를 떴다.

몇 주 후, 투자자들은 일련의 사건이 모두 사기였음을 알아차렸다. 시골 광부 필립아놀드와 존 슬랙은 다이아몬드 광산을 발견했다고 떠벌리기에 앞서 유럽에서 약 1만 달러어치의 진품 보석을 사들였다. 그리고 광산 지역에 보석을 파묻어 놓고 첫 번째 전문가 자문단을 샌프란시스코로 불러들였다. 티파니를 포함한 보석 자문단은 휘몰아치는 보석광산 광풍에 미친 나머지 보석가격을 지나치게 높게 책정했다. 그때 마침 금융가 윌리엄랄스턴도 광부들의 환심을 사기 위하여 급히 10만 달러를 지급했다. 하여 두 광부는 암스테르담이란 곳에 가서 가공하지 않은 보석 몇 자루를 더 사서 샌프란시스코로 돌아와서 2차로 보석을 파묻고 나자 윌리엄 랄스턴은 현장에서 더 많은 보석을 발견할 수 있었다.

당시에 채굴단원들은 뇌물을 받은 것도 없으며 동원된 전문가들은 모두 신뢰할 수 있는 진짜였다.

광부 필립 아놀드와 존 슬랙은 백만장자 및 대부호 사업가들과 함께 뉴욕을 방문하면서도 줄곧 가난에 찌든 무지렁이 광부 차림새였다. 한두 치수 작아보이는 바지와 외투를 입은채 화려한 대도시를 두리번 거리는 시골멍청이 들은 그무는 뛰어난 지혜가 아닌 순박하고 어수룩한 차림새 덕분에 당대 최고의 간교한 금융가들을 속일 수 있었던 것이다

작은힘을 모아
글로벌 제국을 설립

＊＊＊＊

천리길도 발밑으로부터 시작되고 작은 물길이 모여 강하를 이루듯 미미한 역량이 끊임없이 모아져 점차 위대한 역량으로 이루어 지는 것이다.

오스트렐리아의 루퍼트 머독은 어떻게 작은데로부터 시작하여 점차 영향력을 키워 방대한 글로벌 매스미디어 제국을 세울 수 있었겠는가?

1960년대, 오스트렐리아 시드니는 나날이 번창하는 대도시였다. 여기서 평범하게 성장한 루퍼트머독은 어떻게 해서라도 자신의 존재를 세상 사람들에게 알려야 하겠다는 꿈을 가지고 있었다. 루퍼드 머독은 우선 ≪캔프란신문≫을 발간하는 작은 회사를 인수한 뒤 경영을 잘못해서 실적이 부진한 ≪미러≫에도 손을 댔다. 그리고 "사람을 놀라게 하는 표제"를 뽑는 신문들과 새로운 판매방식을 통해 발행량을 대대적으로 늘려 불과 몇 년 사이에 자신의 회사를 신문용지 생산, 신문과 서적간행, 텔레비전 방송국까지 아우른 종합 기업으로 발전시켰다. 1964년 7월, 머독은 그의 인생에서 가장 아름다운 시간을 보냈다.

머독은 오스트렐리아 수도 캔버라에서 친히 일간지 ≪오스트레일리언

≫을 창간하였는데 이는 오세아니아주에서 최초로 발행된 전국적인 신문이었다.

이렇게 볼 때 이 신문은 단순히 하나의 신문이 아니라 민심을 자극하고 고무시키는 상징이기도 했다.

그러나 ≪오스트레일리언≫간행 초기에는 작업 여건이 매우 나빴다. 그렇지만 머독은 엄청난 열정과 대단한 용기로 이 "절묘한 사업"을 지탱해 나갔다.

≪오스트레일리언≫은 상당히 깐깐한 기풍의 신문이어서 처음 몇 년간은 적자를 냈다가 1970년대 들어 비로소 나아지기 시작했다.

그러나 루퍼트 머독은 오스트레일리아만으로는 만족하지 않았다.

어느덧 실력을 키운 그의 안목은 다른 대륙에 있는 영국으로 향했다.

1968년, 영국에서 가장 역사가 길고 대중적인 신문중 하나인 ≪뉴스 오브 더 월드≫의 대주주인 칼 가족은 27%의 지분을 보유하고 있었고 25%는 그의 사촌인 잭슨 교수의 손에 있었는데 잭슨은 주식 수익에 대한 불만으로 자신의 지분을 팔아버리려고 했다.

당시 은행이 맥스웰이라고 하는 악성 인수자를 찾아오는 바람에 칼 가족에게는 경영권을 잃어버리는 것보다 더 무서운 일은 없었다.

이때 머독이 '흑기사'와 '협객'의 신분으로 칼 가족앞에 나타났다. 그는 커트를 설득해서 집행 이사장의 신분으로 공동으로 맥스웰을 막게 했으며 동시에 자신의 지분은 칼 가족이 소유한 지분의 3분의 2를 초과하지 않겠다고 약속했다.

이렇게 해서 머독은 순조롭게 런던으로 진출했다. 그는 칼 가족과의 비즈니스가 완성되자 이내 신문사 명의로 새 주식을 발행함으로써 칼 가

179

족의 통제에서 벗어 났다.

1969년에도 머독은 타임즈 미러 그룹에서 심각한 적자를 내고 있던 대중지 ≪더선≫을 매우 낮은 가격으로 사들였다. 아마 당시에는 어느 누구도 경영난에 봉착한 이 신문이 영국에서 가장 발행 부수가 많은 신문이 되리라고는 예상치 못했을 것이다.

머독은 거금을 들여 편집자들을 장려하고 승진시켰으며 텔레비전 방송을 위한 프로그램 안내를 실었고 최초로 텔레비전에 신문광고를 냈다.

머독은 ≪더선≫을 현대생활을 반영하는 신문으로 만들어서 1970년 말에는 전국 판매량 2위에 올랐다.

1973년, 머독은 대서양을 뛰어넘는 첫 번째 여행을 했다.

그는 샌안토니오의 ≪익스프레스≫, ≪뉴스≫와 더불어 ≪선데이저널≫을 인수했다. 머독이 이 도시를 선택한 이유는 당시 텍사스주에는 사고 싶어도 사들이기 어려운 신문이 많았기 때문이다.

이것은 머독의 특유한 방식을 보여주는 바, 먼저 한 도시를 공략해서 상대적으로 세력이나 영향력이 약한 신문사를 사들인 뒤 영향력이 강한 신문사들과 경쟁하는 것이다.

1980년대에 이르러 신문의 연간 이윤이 500만 달러를 넘어서자 머독은 샌안토니오의 신문을 개조하는 한 편 또 다른, 미국에서 전국적인 신문 ≪국민스타≫를 발행하기 시작하였다. 처음에는 미국의 독자층을 중간 계층으로 잡았으나 효과가 별로 좋지 못했다. 그래서 신문 이름을 ≪스타≫로 바꾼 동시에 '미국여성주간신문'이라는 부제를 달았다. 머독은 여성들을 대상으로 건강, 미용 등의 비결을 소개하고 할리우드의 비밀스러운 스캔들을 실었다. 그 결과 신문의 발행 부수는 매우 빠른 속도로 상승했다.

머독은 이렇게 미국을 개척하면서도 영국에서 벌인 활동 또한 멈추지 않았다.

영국 최대의 영향력을 갖춘 ≪런던 타임스≫신문은 '정통세력의 벽보'로 불렸지만, 1970년대 영국 런던 인쇄공회에서 컴퓨터조판시스템의 사용을 거부하는가 하면 나날이 상승하는 급료 등의 문제로 곤경에 빠져 있었다. 그리하여 1980년에 이르러 그 신문의 연간 적자가 1500만 파운드에 달하자 소유주인 톰슨 가족은 신문을 경매에 부치기로 했다.

입찰 참가자는 매우 많았지만 머독과 같은 실력을 갖춘 인물은 거의 없었다. 그러나 영국 정부에서는 머독이 ≪더선≫을 인수한 뒤 거둔 수익과 고용에 대해 만족을 느끼고 있었다.

1981년 1월, 머독과 톰슨가족, 주편집장 에번스, 그리고 전국적으로 유명한 매스컴 인사들로 구성된 위원회가 소집되었다. 네 시안에 걸친 회의에서 머독은 모든 조건에 동의했다.

머독은 기쁨에 가득차서 말했다.

"우리가 지불한 가격 (1200만 파운드)은 이 신문의 무형자산의 절반도 되지 않는다!"

1981년 2월, 머독은 정식으로 ≪런던타임스≫의 소유자가 되었다.

* * * *

거지에게도 불가사의한
잠재력을 갖고 있다

옛사람들은 음덕(남이 모른 덕행)을 쌓은 사람이 복 받고 장수한다고 했다. 현대 의학에 따르면 사람이 좋은 일을 하면 마음이 상쾌해지고 마음이 상쾌해지면 건강에 도움이 되어 일에 대한 흥미와 의욕, 그리고 능력이 높아진다고 한다.

한 연구원이 맨손으로 일어선 백만장자 100명을 조사해 보았는데 그들의 공통점은 바로 선량한 마음씨였고 다른 사람의 잠재능력을 제때에 발굴해내고 도와주었다는 점이었다.

뉴욕의 한 상인이 하루는 지하철을 타러 가다가 길가에 쪼그리고 앉아 연필을 파는 거지의 깡통에다 1달러짜리 동전 한 닢을 던져넣고는 바삐 지하철 역으로 들어 갔다. 그런데 잠시 후 다시 생각해보니 아무래도 잘못한 것 같았다. 그래서 그 거지를 다시 찾아가 연필 몇 자루를 챙기며 자기가 너무 급한 나머지 연필 가져가는 것을 깜빡했다고 양해를 구하며 이렇게 말했다.

"당신이나 나나 틀림없이 상인이요, 당신은 분명 가격표까지 붙여 놓고 연필을 팔고 있는데 누구든 돈을 주고 연필을 사가는 게 마땅하다고 생각하오."

그로부터 몇 달이 지난 어느날, 고급스런 사교모임에서 정장을 말끔히 차려입은 세일즈맨이 그 상인을 보고 아는체를 해왔다.

"당신은 나를 기억할지 모르지만 그리고 나도 당신 이름조차 모르고 있지만 당신은 나에게 영원히 잊을 수 없는 존재입니다. 당신은 나에게 자존심을 심어준 사람이기 때문입니다. 나는 전에 길거리에서 연필을 파는 거지였습니다. 적어도 당신이 가던 길을 돌아와 연필을 찾아가면서 우리 모두 상인이라고 일깨워주기 전까지만 해도 말입니다."

그런데 그뒤의 이야기가 더욱 의미가 있었다.

훗날 이 상인이 한창 불경기에 시달리며 곤란한 상황에 놓여 있을 때였다. 바로 과거의 길거리에서 연필을 팔던 그 거지가 그 상인을 도와 재고상품을 모두 팔아주었던 것이다.

남을 도와주면 나도 이익을 얻는다. 내가 누군가를 도와 그 사람이 원하는 것을 얻게 해주면 나 또한 원하는 것을 얻게 된다. 남을 많이 도와줄수록 나도 많이 얻게 되는 것이다.

허영심을 이용해 출세하다

****

"돈은 인연이 가져다 준다" 든가 "인간 관계가 금전 관계이다"등의 말은 바로 돈을 얻고 싶으면 반드시 돈 있는 사람과 접하라는 말이다. 그들과 양호한 관계를 가지려면 우선 돈 있는 사람이 호감을 가지도록 해야 한다.

일은 누구에게나 이익을 가져다줘야 하기 때문에 호감이 없으면 사람들은 거기에 돈도 인연도 필요없다고 생각한다. 그러므로 사람들에게 호감을 살만한 기회가 있으면 놓치지 말아야 한다. 아리비아의 아이부뚜라는 어떤 방법으로 돈 있는 사람의 호감을 사서 많은 재산을 모았을까?

아라비아의 아이부뚜라는 생활이 너무 가난해서 푼돈조차 없이 겨우 겨우 연명해 나가는 신세였다. 그는 이런 빈궁에서 하루속히 벗어나기 위해 머리를 짜고 또 짰다. 끝내 좋은 방법을 생각해 냈다.

아이부뚜라는 우선 노트 하나를 샀다. 그는 그 노트에다 세계 유명인사들의 사진을 붙이고 거기에다 명인들의 친필 사인을 모방해서 사진 밑에다 썼다.

아이부뚜라는 그런 일을 마치고 그 노트를 들고 각지를 다니면서 대상인과 헛된 명성을 좋아하는 부자들을 방문했다.

"저는 당신의 명성을 듣고 천 리를 멀다 않고 사막의 아라비아에서 찾아 왔습니다. 당신의 사진 한 장을 이 ≪세계명인록≫에 붙여 주시고 사인을 해 주십시오 저희가 당신에 대한 소개를 간단히 추가해 출판한 뒤 즉시 우편으로 보내 드리겠습니다."

노트에 있는 사진과 사인들이 모두 당대 명인들임을 안 부호들은 허영심에 부풀어 올라 기꺼이 사인을 해주고 사진을 내놓았다.

그들은 세계 유명 인사들과 이름을 나란히 하는 것을 큰 영광으로 여겨 대범하게 엄청난 금액을 아이부뚜에게 지불했다.

당시 노트 한 권의 출판 비용은 1, 2달러에 지나지 않았다.

하지만 부자들이 내놓은 보수는 왕왕 수천 달러를 넘었다.

아이부뚜는 6년 동안 96개 나라를 여행했는데 그 기간 동안 그에게 사진과 사인을 제공한 사람은 무려 2만여 명이나 되었다. 그가 받은 보수 중 가장 큰 액수는 2만 달러이고 가장 적은 액수도 50달러였다. 이로써 아이부뚜는 도합 500만 달러를 얻었다.

대체로 사람들은 성공을 이룬 사람들이나 대중에게 이름이 알려진 스타들, 그리고 특히 세력이나 있고 돈많은 사람들과 사귀기를 좋아한다. 그것은 그들의 빛을 받아 어쩌면 자신도 빛을 낼 수 있기 때문이다.

아이부뚜는 바로 지위나 명예를 좋아하는 허영심이 있는 그들을 교묘하게 이용하여 순조롭게 자신의 목적을 이루었던 것이다.

말벌이라고
해가 되는 것은 아니다

1860년, 대선에서 대통령에 당선된 링컨은 새먼체이스를 재무장관으로 임명했다. 그리하여 그 결정을 반대하는 사람들이 적지 않았다.

새먼 체이스는 비록 능력이 뛰어나지만 성격이 안하무인격이었다.

대통령 선거에 출마했다가 링컨에게 패배한 뒤 새먼은 항상 링컨에게 불만을 품고 있었고 언젠가 꼭 권좌를 차지하고야 말겠다는 야심이 가득 찬 인물이었다.

그렇지만 링컨은 그를 물리치지 않았다. 그리고 자기를 걱정해 주는 사람들에게 이렇게 말을 했다.

"시골에서 자란 사람들은 말벌에 대해 잘 알고 있을 겁니다. 한 번은 형과 함께 옥수수밭을 갈고 있었습니다. 내가 앞에서 말을 끌고 형은 뒤에서 보습을 잡고 그런데 말이 늙어서 그런지 자꾸 늑장을 부리기에 한 대 때려주고 싶었는데 어찌된 영문인지 이 녀석이 갑자기 빨라지는 겁니다. 내가 따라잡지 못할 정도로 말입니다. 밭고랑 끝까지 끌려가서야 숨을 몰아쉬며 살펴보니 아, 글쎄 말 잔등에 큰 말벌 한 마리가 붙어 있지 않겠어요. 내가 얼른 그 말벌을 때려잡았더니 형이 나를 나무랬어요. 내가 말이 불쌍해서 그랬다고 하자, 형이 그러더라고요 '그 말벌 때문에 이놈이 빨리 뛰었던 게 아니냐'라고 말하더라고요. 만약 '대통령 말벌' 새먼 체이스 등뒤에 앉아 있다면 새먼이 자기 부처를 위해 열심히 뛸 수만 있다면 난 절대로 그 말벌을 때려잡지 않을 겁니다."

확실히 새먼체이스는 링컨에게 말벌작용을 했는지도 모른다. 말벌이라고 꼭 해가 되지는 않는다. 문제는 무언가를 생각대로 이루고 싶다면 흔들림없이 그것이 옳다는 믿음을 가지는 것이다.

****
자괴심을 버리는 방법

> 인간은 심리적인 조건에 따라 좌우되는 존재이다.
>
> 자기 생각에만 도취해 있다보면 자신이 애처로워 보이고 결국 다른 사람들과 어울리지 못하게 된다. 그러면 주위 사람들도 가까이 다가오기를 꺼리게 된다.
>
> 오직 나 자신을 잊고 다른 사람을 돕는 마음으로 일하는 것이 자신을 즐겁게 하는 길임을 깊이 느껴야 한다. 자괴감에 빠져 있던 뉴욕의 애미리라는 노처녀가 바로 그러했다.

미국 뉴욕 북부에 애미리라는 노처녀가 살고 있었는데 그녀는 늘 자신의 이상이 실현될 수 없다는 자괴심에 빠져 있었다.

그의 이상이란 것도 알고 보면 별거아니였다. 모든 처녀들이 바라는 즉 '백마 탄 왕자'와 결혼하여 행복하게 살고 싶다는 것이었다. 주위 친구들은 하나 둘 결혼해 단란한 가정을 이루고 살았지만 애미리는 수심에 잠긴 채 어느덧 시집갈 나이가 훨씬 지나가 버린 노처녀가 된 것이다.

어느날 오후, 애미리는 집안 식구들의 등쌀에 못이겨 심리학자 한 분을 찾아 갔다. 심리학자가 그녀와 악수하는 순간 애미리의 손은 섬뜩하

리만큼 차가웠고 눈빛은 암담하며 목소리는 무덤속에서 새어나오는 것 같았고 얼굴은 한없이 창백하고 초췌해 보였다. 마치 심리학자에게 '저는 이미 모든 희망을 버렸어요. 당신이라고 무는 뾰족한 수가 있겠어요?' 라고 말하는 것 같았다.

애미리를 본 심리학자가 말을 건넸다.

"애미리양, 내가 애미리양에게 도움을 청할 일이 하나 있습니다. 꼭 도와주셨으면 합니다."

순간 애미리의 눈에 생기를 띠더니 뭐든 말해보라는 듯 고개를 끄덕였다.

"사실은 우리집에서 다음주 화요일에 파티가 열리는데 아내 혼자서 감당하기 힘든지라 애미리양이 손님 접대를 거들어주셨으면 합니다. 그래 줄 수 있다면 내일 아침 백화점에 가서 옷 한 벌을 사되 꼭 점원이 골라 주는 것으로 사도록 하세요. 그 다음에는 헤어스타일을 바꾸세요. 미용실에 가서도 디자이너에게 맡기면 됩니다. 그 사람들의 의견을 따르면 절대 낭패보지 않을겁니다."

말을 마치고 난 심리학자는 좀 지나서 이어서 말을 했다.

"파티에 초대된 손님은 많지만 서로 안면이 있는 사람들은 별로 없습니다. 그래서 애미리양이 주인 행세를 하셔야 합니다. 저를 대신해 그 손님들의 방문을 환영한다고 말하면 됩니다. 그리고 성심껏 도와 주세요. 특히 외롭고 쓸쓸해 보이는 사람들을 말입니다. 어느 한 사람도 홀대해서는 안됩니다. 할 수 있겠죠?"

심리학자의 말을 듣고만 있는 애미리는 자기가 그런 역할을 할 수 있을지 무척 불안한 표정으로 앉아 있었다. 그 표정을 읽은 심리학자는 위로하는 말투로 말했다.

"너무 부담 가질 필요는 없습니다. 실은 아주 간단한 일입니다. 기껏해야 커피가 없는 손님에게 커피를 따라주고 실내가 너무 더우면 창문을 열어주면 됩니다."

심리학자와 약속된 화요일이 되자 애미리는 근사한 옷차림에 헤어스타일까지 예쁘게 하고 파티장에 나타났다.

그리고 심리학자의 당부대로 애미리는 성심껏 파티에 참석한 모든 이들을 도와준다는 일념으로 부지런히 일했다. 그렇게 일하다 보니 자신의 고민 따위는 까맣게 잊어 버렸고 내내 얼굴에는 미소가 띠어 있었다.

그날 파티에서 애미리는 가장 인기있는 주역이 되었다. 그리고 파티가 끝난 뒤에는 청년 세 명이 서로 그녀를 집까지 바래다 주겠다고 나섰다.

그로부터 몇 주일 동안 세 청년은 열심히 애미리를 찾아와 사랑을 고백했고 마침내 애미리는 그들 중 한 명과 결혼을 약속했다.

심리학자도 물론 애미리 결혼식에 귀빈으로 초대되었다. 행복한 웃음을 짓고 있는 애미리를 본 사람들은 그 심리학자가 만들어낸 기적이라고 말했다.

선행이 계기가 두 거인을 만들다

사람은 이해관계나 옳고 그름을 따지지 않고 움직일 때도 있다. 그것은 마음이 있기 때문이다. 인간이 동물과 근본적으로 다른 것은 마음이 있어서 감동할 수 있는 것이다.

"말 한마디가 사람을 살린다"고도 한다. 사람을 감동시키고 공감시키는 말, 절망한 사람의 마음에 등불이 되는 말, 삶의 의욕을 불러일으키는 말, 이런 말들은 사람의 체온을 전할 수 있는 진심의 말이어서 행동으로 통하는 말인 것이다.

영국의 농부 플레밍이 바로 그러한 마음을 가졌기에 때를 만나 빛을 낼 수 있었다.

20세기 초, 영국의 농부 플레밍은 평소처럼 밭일을 하고 있었는데 가까운 소택지에서 비명소리가 들려왔다.

플레밍이 황급히 소리나는 쪽으로 달려가보니 어린아이가 늪에 빠져 허우적거리고 있었다. 그는 앞뒤를 가릴 겨를도 없이 늪으로 뛰어들어 아이를 구해냈다.

그런데 그 이튿날, 고급 승용차가 플레밍이 일하는 밭머리에 나타났다.

그리고 풍채 좋은 귀족이 차에서 내리더니 어제 구해준 아이가 자기 아들이라며 그에게 인사를 해왔다. 이에 플레밍은 당연한 일을 했을 뿐이라며 겸손하게 말했다.

"제 아들 목숨을 구해주셨으니 후한 사례를 드리고 싶습니다."

"마땅히 해야 할 일을 했을 뿐인데 사례금이라뇨? 그런 말씀 마십시오."

농부가 연신 손을 내저으며 사양하는데 때마침 그의 아들이 나타났다.

"아드님입니까" 예, 그렇습니다만."

"그럼 제안 하나 합시다. 댁의 아드님을 저한테 맡겨 주십시오. 최상의 교육을 받을 수 있도록 하겠습니다. 선생의 훌륭한 성품을 닮은 아이라면 장차 이 사회를 위해 꼭 쓸모 있는 인재가 될 것입니다."

농부는 더 이상 사양할 수 없어 그 제안을 받아들였다.

어느새 세월은 흐르고 흘러 농부의 아들은 의과대학을 졸업하고 유명한 의사가 되었다.

그런데 얼마후 귀족의 아들이 갑작스레 폐렴을 앓게 되었는데 페니실린 주사를 맞고 나왔다. 그 귀족의 아들이 바로 제 2차 세계대전 당시 영국의 총리 윈스턴 처칠이었다.

그리고 농부의 아들은 페니실린을 발명한 알렉산더 플레밍이었다.

이렇게 선행을 계기로 맺어진 우연한 인연이 역사에 길이 남을 두 거인을 만들어 냈으며 한편으로는 이 두 거인이 세계 역사를 바꾸어 놓았다고 말할 수도 있다

아이디어가 떠오르면
바로 행동에 옮기다

사람들은 평소에 좋은 아이디어가 떠오르면 그것을 기회로 잡아 성공을 이룬다. 그러나 이같은 사람이 많지 않은 것은 다만 생각을 행동으로 옮길 수 있는 사람들이 많지 않기 때문이다. 행동하지 않는 자는 결국 아무런 성공도 손에 넣을 수 없다.

모든 일은 그 시작이 어렵다고 한다. 그러나 모든 일은 항상 처음에서 비롯된다. 그러나 그 시작을 여는 사람은 충분한 용기와 뛰어난 담력, 그리고 식견을 갖추고 있어야 한다.

무일푼의 가난한 농부의 아들인 아모르는 바로 떠오르는 아이디어를 그것을 기회로 잡아 대담하게 행동으로 옮길 수 있었기 때문에 미국의 갑부이자 뛰어난 사업가로 변신했던 것이다.

19세기 중엽, 미국 캘리포니아주에서 금광이 발견되자 수많은 사람들이 부자되는 황금의 꿈을 안고 캘리포니아로 모여들기 시자하였다. 저마다 일확천금의 꿈에 들뜬 사람들의 행렬이 캘리포니아로 향하는 모든 길목을 가득 메웠다. 그들은 갖은 고생을 하면서도 캘리포니아에 한 시라도 빨리 도착하기위해 발걸음을 재촉했다.

그 밀려드는 인파 속에는 낡은 가방을 둘러맨 열일곱 살의 어린 청년 아모르도 있었다. 그는 무일푼의 가난한 농부의 아들로 일찍히 부모님 품을 떠나 외지생활을 시작하였다.

아모르는 캘리포니아에 도착한 후에야 황금몽을 이루는 것이 생각처럼 쉽지만은 않다는 것을 비로소 알게 되었다.

각지에서 모여든 사람들이 황야를 빼곡이 메웠다. 그러나 금을 캐는 일은 점점 어려워 졌다. 우선 먹고 마시는 것이 가장 큰 문제가 되었다.

모두들 억척스레 금 캐기에 열중하며 사람들은 불타는 듯한 뙤약볕에 땀을 비오듯이 흘렸다. 건조한 기후는 물의 가치를 황금만큼이나 귀하게 만들어 버렸다.

"누가 나한테 시원한 물 한 잔을 준다면 금화 한닢이라도 기꺼이 주겠다!"

"누가 물만 배부르게 마실 수 있게 해주면 금화 두닢이라도 주겠어!"

금을 캐는 사람들 사이에서는 쉴 새 없이 이런 불만들이 터져 나왔다. 그들은 모두 물을 원하고 있었다.

그러나 황금의 유혹에 눈이 먼 그들 중 누구 하나도 물을 구하기 위해 시간을 허비하길 원치 않았다.

하루 종일 일해도 황금은 커녕 물 한 모금도 마시기 어려웠다.

그 순간, 아모르는 기발한 생각이 떠 올랐다. 이렇게 무작정 금을 캐는데 매달리는 것보다 아예 물장사를 하는 것이 어떨까 ?

아모르는 과감하게 금을 캐는 것을 포기하고 금을 캐는 도구를 사용하여 도랑을 파고 강물을 가두어 고운 모래로 정화시켰다.

고운모래로 정화된 물은 마실 수 있을 정도로 깨끗했다.

아모르는 그 정화된 물을 주전자에 담아 금을 캐는 현장들을 돌아다니며 판매하기 시작했다. 갈증에 허덕이던 사람들은 저마다 앞 다투어 물을 사려고 하였다.

"여기까지 와서 금은 캐지 않고 물이나 팔고 있다니! 정말 한심하군."

어떤 사람들은 물파는 아모르를 보고 비웃었다.

그러나 아모르는 남들의 어떤 말에도 개의치 않고 그저 묵묵히 열심히 물을 팔았다.

당시 일확천금을 꿈꾸며 캘리포니아로 모여들었던 사람들은 점점 늘어갔지만 이들 중에 누구 하나 큰 돈을 벌었다는 사람은 없었다.

그러나 아모르는 이 기간 동안 6000달러를 벌었다.

날카로운 통찰력을 갖고 있는 아모르는 항상 기회를 포착하는 것에 강했다. 그는 이런 능력을 바탕으로 정확한 투자 전략을 수립하여 사람들이 놀랄 만한 기적적인 일들을 하나하나 성사시켰다. 이렇게 그는 무일푼의 가난한 농부의 아들로부터 미국의 갑부이자 뛰어난 사업가로 변신했다.

＊＊＊＊

오로지 난 자신만이
나의 거울이다

사람은 누구나 자신을 정확히 아는 것이 중요하다고 한다. 그러나 먼데 있는 미세한 것은 볼 수 있으면서도 가깝게 있는 자신의 눈썹을 볼 수 없듯이 제아무리 뛰어난 천재라도 자기 자신을 제대로 알 수는 없다. 자기 자신의 마음은 거울이 아니기 때문에 오로지 자기 스스로를 수양하여 스스로를 반성해야 한다.

모든 천재는 둔재에서 비롯되며 더욱이는 둔재가 천재를 이기는 수가 있다. 사람은 반드시 발전적인 안목으로 더 많은 잠재인재들에게 눈길을 돌려야 한다.

아인슈타인은 바로 이렇게 자신의 행동을 수시로 뒤돌아보고 심사숙고하여 자기 자신을 천재로 키운것이다.

아인슈타인은 어린시절 심한 장난꾸러기였다. 어머니가 아무리 타이르고 꾸짖어도 그는 아랑곳하지 않았다.

아인슈타인이 열여섯 살이 되던 해의 어느 가을날이었다.

친구들과 어울려 낚시를 하러 가려는 아들을 아버지가 불러 세웠다. 그리고는 이런 이야기를 들려 주었다.

"어제 난 이웃집 잭 아저씨와 공장 굴뚝을 청소하러 갔단다. 굴뚝에 올라가려면 굴뚝 안쪽에 설치된 사다리를 타야 했는데 잭 아저씨가 앞에 서고 내가 그 뒤를 따라갔지. 일을 마치고 내려올 때도 잭 아저씨가 먼저 내려오고 난 뒤따라 내려왔는데 굴뚝에서 나와보니 참 희한한 일이 있었단다.

잭 아저씨는 등이며 얼굴에 온통 검댕이가 묻어 있었는데 내 옷은 말짱했지. 잭 아저씨를 본 난 내 꼴도 그럴거라 생각하고 냇물에 가서 한참을 씻었단다. 그런데 잭 아저씨는 굴뚝에서 나온는 내가 말짱하니까 자기도 그럴거라고 생각했는지 대충 씻는 시늉만 하고 앞장서서 집으로 향했지. 그러자 길가던 사람들 모두 그 해괴한 몰골에 어디가 모자란 사람인 줄 알고 배를 끌어안고 웃어대지 않겠니? "

아버지의 이야기에 아인슈타인은 한참동안 깔깔대며 웃었다.

아들의 웃음이 그치기를 기다려 아버지가 타이르듯 말했다.

"세상 어는 누구도 너의 거울이 되어줄 수는 없다. 오로지 넌 자신만이 너의 거울이다. 다른 사람을 자기 거울로 삼았다간 흡사 바보가 자신을 천재로 착각하는 꼴이 될 수도 있는 것이다."

아버지 말에 아인슈타인은 몹시 부끄러워 고개를 떨구었다.

그때로부터 아인슈타인은 장난꾸러기 친구들을 멀리하고 수시로 자기 행동을 되돌아보고 심사숙고하여 자신의 인생을 완전히 뒤바꿔놓았다.

그리하여 마침내 인류 역사에 큰 영향을 끼는 인물이 되었다.

****

연쇄적 생산기술로
일석이조의 효과를 거두다

부자의 꿈을 가졌다면 우선 지갑의 돈을 세어보지 말고 먼저 자신의 마음을 세여보라는 말이 있다. 사람이면 누구나 부자가 되고자 꿈을 가지고 있지만 부자가 되기 위한 행동은 하지 않는다. 즉 생각하지 않고 노력하지 않고 절약하지 않고 남이 하지 않은 일을 하려고 하지 않는다.

돼지를 사육하는 평범한 농부인 심플롯은 자신의 뜻을 높이 세우고 사업을 부단히 넓히면서 부지런히 일한 보람을 세계 100대 갑부 중에 한 사람으로 되었다.

제 2차 세계대전이 터졌다. 돼지를 사육하는 심플롯은 전방에서 말린 채소를 대량으로 필요로 한다는 정보를 얻었다. 심플롯은 지금이야말로 떼돈을 벌 수 있는 절호의 기회라고 판단하고 가산을 모두 처분하고 친구들에게도 돈을 빌린 다음 채소건조 공장을 인수해 재빨리 감자 건조 생산에 들어갔다.

감자는 가공하기 바쁘게 전방부대로 실려갔고 그때부터 심플롯은 감자가공업자가 되어 큰 돈을 벌어들였다.

하지만 심플롯은 거기에서 만족하지 않고 신기술을 도입하여 새로운 상품을 끊임없이 개발했다.

얼마 후, 주위 사람들의 비웃음과 반대를 무릅쓰고 거액을 들여 한 화학자의 기술을 사들여 '내동감자 튀김'을 대량 생산하였는데 출시하자마자 크게 히트해 미처 공급이 따라가지 못했다.

1973년, 전 세계가 석유파동에 휩쓸리자 심플롯은 감자로 석유의 연소효율을 크게 증가시키는 첨가제를 만들어 사람들의 환영을 받았다.

이후 심플롯은 감자사업을 점점 확장해 매년 15억 파운트나 되는 감자를 가공해 냈는데 그 절반 정도가 맥도날드에 공급되었다.

감자를 가공하려면 껍질을 벗기고 씨눈을 제거하는등 일련의 과정이 필요했기에 실제로는 감자 하나에서 절반 정도밖에 쓰이지 않았다.

이에 심플롯은 그 부산물을 다른 곡물과 혼합해 사료로 만들었다.

심플롯은 감자 하나만으로 매년 10억 달러가 넘는 이윤을 창출했고 쓰레기로 버려지는 부산물을 재가공해 소 10여만 마리를 먹일 수 있는 사료를 공급할 수 있었다.

그는 부를 축적한 뒤에도 새로운 기술로 에틸알코올을 만들고 남은 찌꺼기로 질 좋고 값싼 물고기 사료를 만들어 귀한 품종의 물고기를 양식했다. 그리고 물고기를 양식하는 연못의 물은 다년생식물인 히아신스로 정화시켰다. 히아신스는 물고기 배설물의 질소를 여과시켜줄뿐만 아니라 훌륭한 소먹이용 풀도 되었다. 또 소똥은 물고시 사료가 되었기에 어느 것 하나 버리지 않는 연쇄적 생산체제를 구축했으며 그 사업이 날로 번창할 수밖에 없게 된 것이다.

초판 발행 2023년 12월 11일
초판 인쇄 2023년 12월 15일

지은이 다산 다빈치
펴낸이 김태헌
펴낸곳 문학홀릭

주소 경기도 고양시 일산서구 대산로 53
출판등록 2021년 3월 11일 제2021-000062호
전화 031-911-3416
팩스 031-911-3417